La Voz de los Siglos: Cd. Juárez

Filiberto Terrazas
Cronista de la Ciudad

Agradecimientos

Con infinita gratitud a Nadia Terrazas de Nevárez por su inapreciable ayuda técnica.

Hace muchísimos años una joven universitaria, Madeleine Deverdun Bompard, me sugirió escribiese sobre mi tierra. He aquí la respuesta.

Contenido

Presentación

Estimado lector:

Me es grato dirigirme a usted, con el fin de presentarle la segunda edición del duodécimo libro escrito por Don Filiberto Terrazas, cronista de la Ciudad, titulado "LA VOZ DE LOS SIGLOS: CIUDAD JUAREZ" misma que se seleccionó, para conmemorar el décimo segundo aniversario de fundación del Centro Universitario de Cd. Juárez. Nada es más satisfactorio que haber recibido la respuesta afirmativa de tan destacado escritor y poder colaborar con la publicación y distribución de una obra extraordinaria para deleite de los lectores que tengan a bien adquirirla, pues es el testimonio de alguien que ama nuestra ciudad, que con su pluma descubre la raiz que entraña su pensamiento.

Si está leyendo esta misiva, obvio es que tiene en sus manos la obra, léala calmadamente, disfrute cada una de sus letras, palabras y frases, introdúzcase al ámbito más profundo de lo escrito y conviértase en un protagonista de lo narrado.

Gracias por ser parte de nuestra conmemoración de aniversario y por conocer más de la obra de Don Filiberto Terrazas Sánchez, orgullo de nuestra ciudad.

Ciudad Juárez, Chih., Diciembre de 2008.

ATENTAMENTE

Lic. Rodolfo Acosta Benavides
RECTOR

Prologo a la segunda edición

"La voz de los siglos, Ciudad Juárez ", es el décimo segundo libro que escribe **Don Filiberto Terrazas Sánchez** y lo realizó en un tiempo record, menos de siete meses, con la prosa ágil e inigualable que lo caracteriza. Esta narración, sin duda alguna, nos conducirá a contemplar un mosaico distintivo de nuestra querida **Ciudad Juárez**, la nobleza de su espíritu, la calidez de sus habitantes, la bondad de sus recursos, su desarrollo pujante y sobre todo, la inmensa obra de sus *"ilustres personajes"*, como Anthony Quinn y David Alfaro Siqueiros. Don Manuel Gómez Morín, Don Teófilo Borunda, Don Rómulo y Numa Escobar, benefactores indiscutibles de Ciudad Juárez; Francisco R. Almada, Martín Luís Guzmán, Agustín Melgar, con trascendencia histórica de gran significado; Lucha Villa, Germán Valdés "Tin Tan", artistas de fama y amplio reconocimiento y por último Juan Gabriel y Pancho Villa, conocidos mexicanos a nivel mundial, que aunque no son chihuahuenses de nacimiento, si lo son de corazón; y tantos otros personajes, que por espacio y tiempo no los mencionaremos, comparten con el licenciado Terrazas su trayectoria, su talento y el éxito en sus respectivos campos.

Referenciados puntualmente como los insignes y preclaros "hombres de esta tierra", Don Armando B. Chávez M. los describe en su libro "El pensamiento y la obra de los ilustres chihuahuenses;" hoy Filiberto Terrazas, los hace coincidir en estas históricas páginas.

El autor nos describe en la obra narrada magistralmente y de manera ágil, como es su estilo , una breve pero sustancial imagen de lo que fue y ha sido Ciudad Juárez, la antigua "Passo del Norte", tierra de oportunidad y la primera frontera de México; al recorrer en sus páginas, los paisajes, situaciones, anécdotas y citas de hechos, lugares y fechas, no podemos más que remontarnos a estos sitios y disfrutar con alegría la "magia" impresa en los episodios respectivos ; transitar por sus capítulos, descubrir su riqueza escondida, conocer y regocijarse con sus pasajes, son toda una aventura histórica y literaria.

Don Octavio Paz diferenciaba en alguna ocasión las características entre el historiador y el escritor, mencionaba que en el historiador prevalecían los rasgos metódicos, calculadores, exactos y perfeccionistas, mientras que en el escritor domina lo sensible, lo explícito, lo agradable y lo sutil. El licenciado Terrazas amalgama en esta obra, de forma intensa, ambas características y las proyecta con sencillez en su escritura. Nada fácil significa lograr lo anterior, es por ello, que siendo el licenciado Terrazas uno de los más prolíficos escritores chihuahuenses y sin duda también, uno de los más controvertidos personajes de esta época, sus obras, como la presente, están llamadas a convertirse en "clásicas", en lo que a estilo se refiere y en "imprescindibles" en cuanto a historia, referencia y datos.

Conocer al licenciado Terrazas, hablar con él, saborear su fluida conversación salpicada de epítetos altisonantes y aderezada con anécdotas verídicas, sobre todo de los temas que más le gustan y le apasionan, es una experiencia que se convierte en exclusiva y motivante, tanto para leer sus demás obras, como para conocer y aprender más acerca de esta hermosa tierra de nobleza y de trabajo.

Disfruten ustedes con "La voz de los siglos, Ciudad Juárez", esta aportación, la número doce, que el autor hace para incrementar la literatura y la cultura de nuestra frontera y compartir, con los "talentos" pasados y futuros, la nueva oleada de valores cívicos, culturales, sociales y éticos que significan el regreso a nuestros orígenes, para entender mejor nuestra historia y comprender más claramente el presente.

Gracias licenciado Terrazas, por compartir con nosotros su talento y conocimientos. Gracias en nombre de la comunidad Juarense y sobre todo, en nombre de los inmigrantes sureños, que como yo, venimos a trabajar, a enamorarnos, a convencernos y a quedarnos en esta histórica ciudad, cuyo acervo cultural y exitoso, es mucho mayor que su obscura y multidifundida imagen.

Mi más sincero reconocimiento a uno de los "personajes ilustres" de Ciudad Juárez, al maestro, al intelectual, al abogado, al filosofo, al ajedrecista, al Genio de Don Filiberto Terrazas Sánchez.

Lic. Fernando Aguirre Vilchis
Otoño 2007

Prólogo

Sentando la tesis de que **la historia es la cuarta dimensión de la humanidad,** en virtud de que no queda hacia atrás, sino **dentro de la conciencia colectiva,** emprendemos en estas páginas el transcurso del hombre sobre el dorso de las centurias que han contemplado esta frontera desde que el ser humano fija aquí su hábitat.

Se me ha preguntado si existe alguna diferencia entre el historiador y el escritor, evidentemente sí la hay. El primero recaba fríamente datos y fechas, careciendo de imaginación e inclusive frecuentemente se abstiene de interpretar acontecimientos; por el contrario, el escritor siente la pasión que azota la sangre y traslada su emoción al papel. Dando un paso más adelante queda la duda si un escritor puede ser historiador. Creo que sí, con la salvedad de situarse más allá del rencor y más acá de la adulación. Además si aparece en el texto alguna improvisada metáfora, ésta debe ensamblar en el marco de la verdad.

Hoy iniciamos un recorrido por el sendero de los siglos ante el cambiante escenario de el viejo Paso del Norte, cuyos habitantes luchan y sueñan de generación en generación, a pesar de todos los contratiempos hasta convertirla en la más pujante de nuestro Estado y una de las más importantes de la República.

Si algo caracteriza a nuestra ciudad es el espíritu de trabajo y la nobleza de sus habitantes que a diferencia de muchas otras, siempre acoge con los brazos abiertos a todos los mexicanos del resto del territorio; además a nuestra ciudad se encuentra indisolublemente ligado ese río grande -como dijo Federico De La Vega- que nunca quiso ser de división, sino río de paz.

Constituyan las siguientes páginas la lucha constante -a veces heroica- de sus hombres por hacer de México la patria que hoy tenemos y que con optimismo contempla el porvenir.

CAPÍTULO I

Pok-Ta-Pok

Si la imaginación del lector, hoy habitante de Ciudad Juárez se eleva en el espacio y retrocede en el decurso de los milenios, contemplará extasiado el nacimiento del río grande en las montañas rocallosas de Colorado a tres mil metros sobre el nivel del mar en la columna vertebral de la Sierra Madre Occidental y observará cómo lentamente va descendiendo, de la cordillera hacia la planificie, en la cual va variando tanto la flora como la fauna. El pino empieza a escasear, lo mismo que el encino y millones de bisontes pacen tranquilamente, sin dejar de contemplar recelosos a los mamuts que en pequeñas manadas, de norte a sur, cruzan el continente. Fue uno de ellos, de enormes colmillos, quien en una de las grandes avenidas del gran río, se queda atascado en el fango, permaneciendo su osamenta intacta a través de los milenios, siendo apenas descubierto en 1956 en lo que actualmente es el fundo de nuestra ciudad, para luego, por arte de la magia del dólar, repentinamente volver a desaparecer.

Nuestro río durante milenios sació la sed no sólo de bisontes y mamuts, sino de alces, nutrias, castores, osos plateados y algunos venados cola blanca y buras, mientras los aires eran surcados por el zopilote, el cóndor de California y el águila real que extendía su dominio aéreo desde Alaska hasta el Orinoco.

Este escenario zoológico permaneció intacto milenio tras milenio hasta que no bien concluida la última glaciación del hombre, atravesando el estrecho de Behring, en alguna remotísima primavera hace unos 30000 años, por vez primera divisa Alaska y al mandato atávico de su estirpe, empieza a descender por Canadá, atravesando los Estados Unidos y asentándose en ambas márgenes de nuestro río.

Durante los milenios que preceden el amanecer de la historia, estos pueblos nómadas, fueron típicamente recolectores de frutas silvestres y fundamentalmente cazadores, ingeniándose para incluir en su régimen alimenticio al mamut, oso, alce, berrendo, venado, nutria, castor y guajolote.

Durante el milenio que precede al nacimiento de Jesús pululan por la extensa planicie de Colorado, Arizona, Nuevo México y Chihuahua diversos grupos étnicos clasificados por la antropología histórica como "Oasis América", quienes descubren la agricultura y fabrican una incipiente cerámica, misma que para su estudio analítico y por sus características se ha clasificado en tres denominaciones:

a) *La Hohokam.* Expandida sobre la región desértica del sur de Estados Unidos y el norte de Sonora.
b) *La Anasazi.* Ubicada en las planicies de Nuevo México, Arizona, Colorado, Nevada y Utha.
c) *La Mogollón.* Asentada en la región montañosa del sureste de Arizona y suroeste de Nuevo México.

La amplísima comarca del sur de los actuales Estados Unidos y norte de México identificada como "Oasis América" permitió la mezcla de todas estas culturas en recíproca interdependencia, de lo cual cabe deducirse que hacia el siglo VII de nuestra era se asentó en el valle de Casas Grandes un grupo étnico claramente definido en los mismos momentos en que en Palenque la reina maya Zak Kuk disfrutaba del más hermoso nombre que en la historia de la humanidad ha ostentado mujer alguna: "Quetzal luminoso". Pero el chihuahuense actual debe estar profundamente orgulloso de dos puntos de vinculación entre la cultura maya y la Paquimé:

a) ¡La serpiente emplumada se ha encontrado en Paquimé!. Esto significa, con toda evidencia que el culto a Kukulcan existió en Casas Grandes. Este mito hizo igualmente acto de presencia en la capital del imperio azteca bajo el nombre de Quetzalcoatl, su etimológico equivalente, lo cual por primera vez establece la prueba arqueológica irrefutable de vínculos culturales entre Anazasis, Nahoas y Mayas, lo cual enriquece notablemente nuestra historia.

b) ¡Pok-ta-pok!. Esta palabra maya onomatopéyica fonéticamente se desprende del sonido de la pelota de hule al botar tres veces: pok-ta-pok. Como todo turista culto sabe, en **Chichen itzá** se encuentra un majestuoso juego de pelota que revela el alto grado de civilización que aquellos arquitectos habían alcanzado. Atónitos debieron quedar nuestros arqueólogos al descubrir Paquimé, un estadio con enormes semejanzas al del sureste, reforzándose así la ya irrefutable tesis de la vinculación cultural muy probablemente también comercial entre Paquimé y las civilizaciones mesoamericanas.

En cualquier caso es evidente que Paquimé evolucionó notablemente a partir del siglo VII d.c. hacia un estadio con alto grado de desarrollo social, precisamente en los años que la cultura maya llegaba al apogeo de su grandeza.

Las pruebas materiales nos indican que Paquimé tuvo una intensa actividad social y comercial durante un período que sobrepasa los cinco siglos, durante los cuales sus habitantes tuvieron intercambios mercantiles tanto con los Anazasis del sur de Estados Unidos, como con los pueblos de Sonora y Sinaloa, costeros con el mar de Baja California.

Todas las pruebas científicas que hoy disponemos como el carbón 14, la dendrocronología, la palinología, la hidratación de la obsidiana, etc., con absoluta exactitud nos señalan que la bella y próspera urbe en el año 1340 fue sitiada y tomada por asalto por los apaches conforme la unánime opinión de todos los arqueólogos tanto norteamericanos como mexicanos.

Los supervivientes se remontaron a lo más abrupto de la Sierra Madre donde intentaron reconstruir su floreciente civilización, sin alcanzar jamás el esplendor de antaño. Quedó empero la palabra "Paquimé" a través de los siglos para designar en el lenguaje ópata "Casas Grandes", nombre usado hoy día para la próspera ciudad, vecina de tan interesante zona arqueológica.

Maravillosa reliquia de aquella Paquimé es una deidad de piedra con treinta centímetros de altura, salvada del saqueo apache y actualmente en poder del autor, en espera de algún día llegar a su destino en un apropiado museo.

A la caída de Paquimé, es de suponerse que se dispersaron sus habitantes, algunos hacia la Sierra Madre y otros más hacia el norte, asentándose en las orillas del río grande donde mediante la pesca y la fauna hallaron su sustento.

A diferencia de los mayas y de los griegos, los habitantes de esta comarca "Oasis América", carecieron de escritura histórica, nuestro conocimiento sólo puede apoyarse en las actuales pruebas científicas de nuestros laboratorios. Es una lástima. Aún no había llegado el hombre blanco.

RUINAS EN PAQUIME, CHIH.

CAPÍTULO II

Aparece el Hombre Blanco

En el convento de Sevilla el prior es un viejo solitario, extraño, aún cuando sumamente devoto. Corre el año del Señor de 1555. Se levanta cotidianamente en plena madrugada y al sonar la campana del monasterio, acuden a la celebración de la santa misa, con su general comunión. Luego de un frugal desayuno, da un pequeño paseo por los pasillos, con las manos a la espalda y la mirada baja. Va pensando... y recordando...

Las imágenes de pretérito evócasen con fluidez, casi nadie sabría que él fue quien descubrió las fantásticas cataratas de Iguazú, perdidas en las selvas de Sudamérica. Convencido se encuentra de que sólo una fuerza superior le preservó milagrosamente la vida después de haber atravesado tantos peligros. Únicamente la Divina Providencia pudo a una invocación suya, hacer escapar la tormenta que ponía su vida en peligro cuando sus enemigos políticos le liberaban sus cadenas y también ella y sólo ella (bendito sea Dios) pudo ordenar la por demás extraña y repentina muerte de todos sus calumniadores. ¡Ah! y que decir de los mil peligros que le acosaron cuando por vez primera descubre el río grande del norte. Quiere al refugiarse en el convento anticiparse a la vida eterna y transcurrir sus últimos años entre la oración, la meditación y legar para la posteridad sus memorias en sus "naufragios" y "comentarios". Así, desde 1555 presiente que los siglos del porvenir recogerán sus palabras... y con ellas la inverosímil odisea de haber atravesado el nuevo continente, desde el Atlántico hasta el Pacífico. No puede olvidar cuando se da de alta con Pánfilo de Narváez con destino a la Florida..., el naufragio en las costas del nuevo mundo y los ocho larguísimos años en compañía de Andrés Dorantes, Alonso Castillo Maldonado y el esclavo negro Estebanico... que para sobrevivir tuvieron que hacerla de curanderos de los naturales de la región y después de atravesar el impetuoso río grande, llegar (gracias a Dios) a la Ciudad de México en 1535... Ahora a diario toma la sagrada comunión y después de publicar sus memorias, no queda sino aguardar el llamado del Señor.

Al retorno de Alvar Núñez Cabeza de Vaca se inicia la fase de exploración de las inmensas tierras del norte, a las cuales se yuxtapone la evangelización de los indios a través de los santos misioneros quienes numerosas ocasiones entregaron su vida en servicio a la causa del altísimo. Pormenorizar cada uno de estos actos de martirio y santidad sería motivo de un libro, pero ningún historiador puede pasar por alto este abnegado capítulo.

¡Messico! ¡Ma non capisco niente! ¡Cómo que te quieres ir de misionero a Messico!. Si aquí tienes todo, absolutamente todo: un brillante porvenir comercial. Vives en el país más bello de Europa; tienes un padre que te quiere bien y algún día le heredarás su fortuna. Las más hermosas damas de Italia a honra tendrían que desposarse contigo y perpetuar el linaje de los Pascuale con los nietos que algún día llegarán e incluso si lo quieres podrás comerciar con los países de América, pero ¡irte de misionero! Dios no lo quiera, ya que el norte de la Nueva España es un país salvaje y allí sólo te aguardarán privaciones y flechas.

-¡Eso es lo que más deseo padre mío!, he recibido el llamado del Señor y nada en el mundo me desviará de mi vocación. Nada comparable existe en este mundo que recibir el llamado de lo alto. Es ello una situación de éxtasis indescriptible. Renuncio a la riqueza, a la vida muelle y regalada. Haré los votos de pobreza, castidad y obediencia y si el Señor así lo determina, moriré feliz con las flechas de los aborígenes bendiciéndoles y pidiendo su perdón porque no saben lo que hacen.

-Don Benito percibió en ese instante un extraño fulgor en la mirada de su primogénito, como si hubiese entrado en trance e inteligentemente al fin comprendió que ya nada quedaba por hacer.

-Bien, bien hijo mío, hágase tu voluntad y no la mía. Yo tengo la culpa de todo por haberte dejado tanto tiempo tras las faldas de tu madre, pero si así lo quieres, tendrás mi bendición.

-Gracias, padre mío. Tu bendición es lo que más deseo ahora y vive seguro que en medio de las privaciones que me aguardan seré feliz.

-Sea lo que Dios quiera hijo mío.

Años más tarde la profecía paterna se cumplía. Como una horrorosa pesadilla entrevió a su hijo ser bárbaramente golpeado por una turba de salvajes que después de flecharlo con toda saña en el atrio de su propia iglesia, ya moribundo aún bendiciendo al Señor por haberle concedido la gracia del martirio, descansa su sangrante cabeza sobre un tronco mientras un indígena le machaca el cráneo con una piedra en el suelo. Es el 31 de enero del año del Señor de 1632.

Pero esta escena del padre Julio Pascuale no será ni única ni excepcional. Junto con él ha perecido en la misma forma y momento, el padre portugués Manuel Martínez. Antes y después de ellos, incontables fueron los siervos de Cristo que abandonaron todo para ir a entregar sus vidas en el ara de martirologio. Se requeriría una vasta obra para describir los incontables sacrificios que franciscanos y jesuitas realizaron para cubrir las sucesivas etapas: exploración, conquista y colonización de la comarca donde hoy se asienta la Misión de Nuestra Señora de Guadalupe de los Mansos de El Passo del Norte.

CAPÍTULO III

La Colonia

En todos los milenios que abrazan la península ibérica no se puede encontrar un año más afortunado que el de 1492, en el cual tuvieron simultáneamente lugar los dos más trascendentales acontecimientos de su devenir: el doce de enero se consuma la reconquista de Granada poniendo fin a una ocupación árabe que se remontaba al año 711 y dando lugar a que la madre de Boabdil, Fátima, le increpara la célebre frase: ¡llora como mujer lo que como hombre no has sabido defender!.

No conformes con tan decisivo suceso, unos meses más tarde, Cristóbal Colón se topaba con un nuevo continente mucho más grande que Europa. Así pasó en el mismo año de conquistada en conquistadora.

Fernando el católico, Carlos V y Felipe II fueron insignes... empero ninguno de sus sucesores estuvieron a la altura de las circunstancias. Ya en pleno siglo XVI, sufre España el terrible desastre de la derrota en manos de los ingleses, de la "escuadra invencible" en 1588, después del cual, no vuelve jamás a recuperar la hegemonía perdida. Otras naciones europeas como Inglaterra, Alemania y Francia a través de la industrialización alcanzarán un desarrollo económico superior ante la mediocridad y abulia de los monarcas del imperio "donde jamás se pone el sol", pero que nunca se molestaron en ir a conocer los territorios conquistados por sus capitanes en América, ni mucho menos en Filipinas. A grado tal llegó su decadencia que en 1808 Napoleón exclamaba: ¡A ese país de mendigos orgullosos bastará un paseo militar para someterlo! (obviamente se equivocó el genio corso, pero ello es indicativo del concepto en que tenía a la península ibérica).

Durante las tres centurias de la colonia, miles de toneladas de oro y plata continuamente estuvieron fluyendo de los virreinatos de México y Perú con destino a Madrid. Y sin embargo, para que ello fuese posible millares de esclavos entregaron sus vidas en las minas del nuevo mundo y murieron víctimas de la silicosis y de la tuberculosis; y otros tantos igualmente cayeron en las encomiendas y haciendas, complementando así la explotación de materiales y recursos humanos en una época en que era totalmente inexistente la seguridad social.

La iglesia católica reviste dos aspectos: la obra de los misioneros franciscanos y jesuitas entre los indígenas no puede ser menos que admirable y en muchas ocasiones se reviste de perfiles francamente heroicos sólo comprensibles por la más arraigada e inquebrantable fe. Por otra parte el alto clero controlaba gran parte de la vida social, económica, educativa y religiosa del país. No pocos de los virreyes fueron simultáneamente obispos y arzobispos detentando así el poder político y religioso. El aspecto espiritual tuvo gran importancia en la colonia, toda vez que en 1810 había 9439 sacerdotes y monjas, lo cual arrojaba un promedio de uno por cada 635 habitantes, en contraste con el año 2000 donde se mueve el promedio de uno por cada 7800 habitantes aproximadamente, lo cual nos da una idea de este aspecto de la vida.

A la fase de la exploración habría de sucederle la de conquista de la Nueva Vizcaya, la cual abarcaba el inmenso territorio de Durango, Chihuahua, Nuevo México, Sonora y parte de Sinaloa. Pero no fue fácil la tarea. Hubo algunas comunidades, como la de los indios mansos de El Passo del Norte que recibieron este nombre por haberse prestado dócilmente a la evangelización; otros como los Tarahumaras, quienes si bien recibieron las aguas bautismales, llegaron a rebelarse siguiendo a líderes como Teporame, quien luchó hasta ser aprehendido y sometido a la horca. Pero de todos ellos ninguno más ajeno a toda sombra de dominio que el apache, el cual a lo largo de un cuarto de milenio luchó hasta llegar al borde de su total exterminio tanto en el sur de los actuales Estados Unidos como en el septentrión de la Nueva Vizcaya.

En cuanto al primer asentamiento de europeos en lo que hoy es nuestra ciudad, el insigne historiador Armando B. Chávez M. textualmente establece:

"...Pero dejemos ésta y las demás incursiones que sucedieron y que conquistaron regiones muy septentrionales, bastante alejadas del lugar donde habría de nacer nuestra ciudad después. Este honor, por haber marcado la ruta, cruzando el río bravo en los límites del área donde se asentaría el primer grupo poblacional de El Passo del Norte, es para Fray Agustín Rodríguez, el capitán Francisco Sánchez Chamuscado, los franciscanos Fray Francisco López y Fray Juan de

Santa María y sus compañeros de aventura: ocho jinetes españoles acompañados cada uno de ellos de un criado indio, más siete sirvientes que de las minas de Santa Bárbara llevaron los religiosos y entre los cuales iba un mestizo. Los españoles fueron: "Hernando Barrado, natural de la Villa de Montanchez, Pedro de Bustamante Montañez, Hernando Gallego, natural de la ciudad de Sevilla, teniente del alcalde de Teocaltiche, Pedro Sánchez de Chávez, de Almodóvar del Campo, Felipe de Escalante, natural de Laredo, Pedro Herrera de la ciudad de Lisboa, Pedro Sánchez Chávez de Fuensalita y Juan Sánchez de Fuensalita".

La cruz y la espada, encarnadas por Fray Agustín Rodríguez y el capitán Francisco Sánchez Chamuscado escoltados por ocho soldados a caballo, cada uno con su criado indio y otros siete indígenas sirvientes de las auríferas minas de Santa Bárbara así como Fray Juan de Santa María parten en 1581 rumbo al norte para llegar primero hasta la confluencia del río conchos y el río grande del norte, para posteriormente arribar a donde actualmente se asienta nuestra ciudad. Al igual que Tucídides en otro milenio, también Francisco Sánchez Chamuscado nos deja su interesantísima crónica: "**...descubrimos un pueblo que tenía cuarenta y cinco casas de dos y tres altos, y así mismo, descubrimos grandes cimientos de maíz, frijol y calabaza...**"

"**Nos salimos de dicho pueblo y caminamos entre milpas cerca de media legua y luego hallamos y descubrimos otros cinco pueblos y en un raso asentamos nuestro real y acordamos de no pasar de allí hasta traer aquella gente de paz y fuésemos** amigos. Y al cabo de dos días vino un cacique con tres indios a reconocer qué gente éramos y por señas nos saludamos los unos a los otros, se llegaron a nosotros y les dimos hierro, cascabeles, naipes y otros juguetes, y así los hicimos amigos, y fueron a llamar a la demás gente y vino en gran cantidad a vernos, diciéndose unos a otros que éramos hijos del sol, y nos dieron maíz, frijol, calabaza, mantas de algodón y cueros de las bacas adobados..."

Debemos reconocer que esta exploración fue mucho más afortunada que otras, pues no sólo concluyó en feliz término, sino nos legaron una vívida descripción, en la cual también se asentó:

"...Así mismo descubrimos en dicha tierra, once descubrimientos de minas con betas muy poderosas, todas de metales de plata. Descubrimos así mismo en dicha población una salina muy rica, de mucha sal granada y muy buena; de todo se trajo a su excelencia la muestra de ello; tiene la salina cinco lenguas de boj..."

Las salinas a que el capitán Sánchez Chamuscado se refiere, no son otras sino las ubicadas a cuarenta kilómetros al noroeste de Villa Ahumada, las cuales fueron propiedad de mi padre Juan Manuel Terrazas Lazo y quien al abrir nuevas "planillas" para la extracción de sal halló alrededor de un centenar de vasijas policromadas de la cultura de Paquimé, muchas de las cuales las obsequió a ilustres mexicanos como Miguel Alemán Valdez, Alfonso Caso, Vicente Lombardo Toledano, David Alfaro Siqueiros, general Lázaro Cárdenas, Francisco Hipólito Villa Rentería y otros. En poder del autor quedaron algunas, así como un ídolo de piedra de treinta y cinco centímetros y un peso de siete kilos.

Y sin embargo en su retorno al sur Francisco Sánchez Chamuscado tuvo un enfrentamiento con los indios que asolaban la región, muriendo en forma valiente, con las armas en la mano y mortalmente herido, logró abrirles el paso a sus soldados Hernando Gallego y Pedro de Bustamante exhortándoles a salvar sus vidas, logrando éstos llegar a salvo a la ciudad de México y relatar la odisea.

Después de tanto afán de los conquistadores de la Nueva España y luego de tanta sangre derramada en el recién descubierto continente, empezaron al fin a dar sus frutos. En mayo de 1535 el virrey Antonio de Mendoza autoriza la fundación de la Casa de Moneda, misma que se habrá de convertir en la primera del mundo con la acuñación de cobre, plata y oro para innumerables países de América, Europa y Asia, enriqueciendo las colecciones numismáticas de todos estos continentes.

Jamás pudo soñar el descendiente del emperador Moctezuma Xocoyotzin que su arribo al río grande fuese perpetuado en bronce en una magnífica efigie ecuestre en Ciudad Juárez en plena avenida Cuatro Siglos.

Efectivamente el 25 de septiembre de 1595 donde Juan de Oñate, descendiente directo del Tlacatecutli azteca por ser hijo de Doña Isabel de Tolosa, biznieta de aquél, somete al virrey Don Luis de Velasco las capitulaciones para la exploración, conquista y colonización de los vastos horizontes del Septentrión.

Habrá previamente de vencer mil obstáculos burocráticos antes de partir un 9 de septiembre de 1597 con rumbo a donde hoy se levanta su efigie. Con una enorme caravana sale a la conquista del nuevo mundo arribando en plena primavera, un treinta de abril de 1598 a la orilla sur del río grande, tomando el nombre de "El Passo del Río del Norte" y dejando para la posteridad Jhoan Pérez: "estábamos en el lado sur del río, cerca de donde da la vuelta al Levante; hubo sermón, gran solemnidad eclesiástica y seglar, gran salva y alegría, y a la tarde comedia; se bendijo el estandarte real y se entregó a Francisco de Peñalosa, Alférez Real".

No habrán de vadear el caudaloso río sin levantar el acta de fundación y cuyo documento original sobre lo que hoy es Ciudad Juárez, se halla en el archivo de Indias de Sevilla cuyo texto dice:

"En el nombre de la Santísima Trinidad, de la individua unidad eterna: padre, hijo y espíritu santo, criador de cielos y tierras, elementos, aves, peces, animales, plantas y de toda criatura espiritual y corporal, racional e irracional, desde el más supremo querubín, hasta la más despreciada hormiga: y a honrados Seraphico Padre Sant Francisco; y a nombre y servicio del Cristianísimo Rey Phelipe, nuestro señor, columna firmísima de nuestra fe, quiero que sepan los que ahora son o por tiempo fueron, como yo, Don Jhoan de Oñate, gobernador y capitán general y adelantado de la conquista del Nuevo México y de sus reinos y provincias; ahora he venido en demanda con mis oficiales: mayores, capitanes, soldados y gente de paz y de guerra para poblar y pacificar; y otra gran máquina de pertrechos necesarios: carros, carretas, carrozas, caballos, bueyes, ganado menor y otros ganados; de suerte que me hallo hoy día de la ascensión del señor; que se quedan treinta días del mes de abril de este presente año de 1598, mediante la persona de Jhoan Pérez de Donis, escribano de su majestad y secretario de la jornada, en presencia del reverendísimo padre Fray Alonso Martínez, comisario apostólico y de los reverendos padres de la Orden de Nuestro Señor Sant Francisco, que son: Fray Francisco de Sant Miguel, Fray Francisco de Zamora, Fray Jhoan de Rosas, Fray Alonso de Lugo, Fray Andrés Corchado, Fray Jhoan Claros y Fray Cristóbal de Salazar; que van en esta jornada; y del maestro de campo general Don Jhoan Saldívar y Oñate, dijo: que en voz y en nombre del cristianísimo rey Don Phelipe, tomo y aprehendo, una y dos y tres veces, una y dos y tres veces, una y dos y tres veces; y todas las que de derecho puedo y debo, la TENENCIA Y POSESIÓN REAL Y ACTUAL, CEBIL Y NATURAL, en este dicho río del norte, sin exceptuar cosa alguna y sin limitación, con los montes, riberas, vegas, cañadas y sus pastos y abrevaderos; y de dicha posesión tomo y aprehendo, en voz y nombre de las demás tierras, pueblos, ciudades, villas, castillos y casas fuertes y llana que ahora estén fundadas en estas tierras, y las a ellas circunvecinas y comarcanas y de las que adelante se funden; con sus montes, ríos, viveros, aguas, pastos, vegas, cañadas, abrevaderos y minerales de oro, plata, cobre, estaño, hierro y piedras preciosas; sal, alumbres y todos los veneros de cualquier suerte, calidad o condición cebil y criminal; alta, baja, horca y cuchillo, mero mixto imperio, desde la hoja del árbol y monte, hasta la piedra y arenas del río; y desde la piedra y arenas del río hasta la hoja del monte".

"Yo, el dicho Jhoan Pérez, escribano de su majestad, certifico y doy fe, que el dicho señor gobernador y adelantado, en señal de verdadera y pacífica posesión de ella, puso y clavó con sus propias manos en un monte que para dicho efecto se aderezó, la Santa Cruz y el Estandarte Real, con las armas de nuestro cristianísimo rey Don Phelipe; y al mismo tiempo cuando se hizo lo susodicho, se tocó el clarín y disparó la arcabucería con grandísima demostración de alegría".

"Se firma en la ribera del río del norte, el dicho día de la ascensión del Señor, treinta y último de abril de este año de mil quinientos noventa y ocho".

Don Jhoan de Oñate

Cuatro días más tarde, el mismo cronista escribiría: "a cuatro de mayo hicimos El Passo del Río".

Pocos días más tarde este mismo explorador y colonizador habría de fundar en el actual territorio de los Estados Unidos la Villa de San Juan de los Caballeros.

La XVI centuria fue indudablemente la cúspide de aquel imperio "donde jamás se pone el sol". Miles de toneladas de oro y plata harían de España la potencia hegemónica del planeta... desgraciadamente no por muchos años. En 1588 se produce la hecatombe naval de la armada invencible. La piratería inglesa y la mediocridad de los monarcas hispanos impedirían que volviese a brillar el sol de antaño. Cierto es que en los siglos XVII, XVIII y XIX aún continuaría recibiendo riquezas de ultramar, pero ningún rey peninsular se hallaría a la altura de un Alejandro, Julio César, Carlo Magno o Napoleón; y una a una irán cayéndose las joyas de la corona... pero no adelantemos los acontecimientos...

Don Pedro de Peralta inspirado por las hazañas de Don Juan de Oñate, prosigue la labor de colonización y alcanza la gloria de fundar la próspera ciudad de Santa Fe, Nuevo México; muy pocos años después del cruce de El Passo del Norte, es decir en el año de 1610, a la orilla del río grande.

Tierras fértiles extraordinariamente aptas para la agricultura, planicies pletóricas de pacientes bisontes, agua y pesca en abundancia, en pocos años permitieron un maravilloso florecimiento de la comarca que abarca desde Santa Fe hasta El Passo del Norte. En el breve lapso de sesenta años los árboles frutales se han multiplicado con la caricia del sol y la bendición del río grande, la ganadería se multiplica para colmar la dicha de los habitantes que quedaron escalonados desde El Passo del Norte hasta Santa Fe y al fin parece la vida sonreír en todo su esplendor.

Pero muy cerca acechaba la enorme tragedia: un colono con la firma de Cristóbal Sevillano escribe las delicias del paraíso llamado Santa Fe, transmitiéndonos cuando el padre franciscano en la dominical ceremonia de las ocho hace públicos las esponsales de una hermosa colona y su pretendiente capitán del palacio:
"María Helena Fernández de Palencia, célibe de diez y nueve años, pretende contraer matrimonio con Don Phelipe Armendáriz, soltero, de treinta y dos años".

No alcanza a celebrarse la boda. El rencor atávico de la raza, encarnado en Popé y desde luego en la sangre apache, cuidadosamente preparan el complot para el total exterminio de la próspera villa. Se suman todas las poblaciones indígenas, bajo la brutal consigna apache: no debe quedar ningún blanco vivo, sea hombre, mujer, niño o anciano.

Un indio converso es invitado a las sesiones del complot y horrorizado, de inmediato le dice a Cristóbal Sevillano, quien a su vez lo conduce con el capitán Phelipe Armendáriz, el cual con la premura del caso lo lleva hasta el propio gobernador Don Antonio de Otermín, quien estupefacto, escucha al indígena y con la urgencia del caso se apresta a evitar la muerte de Santa Fe. Casi es demasiado tarde, veinte horas más tarde, los indígenas comprenden que han sido denunciados y al primer fulgor del astro rey de ese 10 de agosto de 1680 el bélico alarido se escucha atronador por todos los puntos cardinales. Una verdadera masacre se produce. Todos los hombres útiles incluido el pacífico Cristóbal Sevillano se ven obligados a empuñar las armas. Las mujeres, los niños, frailes y ancianos ayudan en todo lo que pueden y aún así no pueden evitar el verdadero genocidio ante los centenares furiosos bárbaros. Los padres de María Helena Fernández de Palencia figuran entre las víctimas del primer día.

Ante la impotencia del total exterminio planeado para el primer día del asalto, se perfecciona el estado de sitio y día a día los reñidísimos combates cuerpo a cuerpo se suceden, campeando un desesperado heroísmo fruto de las circunstancias. Al tercer día se celebra una junta de capitanes y se llega a la conclusión unánime de abrir el cerco como única alternativa ante la muerte de todos; y sin embargo no será sino hasta el día 21 de agosto cuando en plena madrugada a costa del sacrificio de más de la mitad de sus denodados capitanes y soldados se logra finalmente salir de la mortal ratonera rumbo al sur. Es la caballería la que va abriendo el paso a golpes de mandobles llevando en medio a las llorosas mujeres y espantados niños.

Al caer la tarde de aquel dramático 21 de agosto de 1680, la maltrecha comitiva ha escapado del infierno logrando acampar en la margen izquierda del gran río. Don Antonio de Otermín, con la cabeza hundida en el pecho parece indiferente al recuento de las numerosas bajas. Todavía cuando las primeras sombras sofocan el rojizo crepúsculo que parecía simbolizar la sangre derramada, en lontananza se escuchan los disparos de la caballería que protege la retaguardia contra los posesos indígenas.

Mes y medio se alargará aquella triste, hambrienta, fatigada y heroica caravana; día a día dejando tras de sí nuevas víctimas del odio aborigen, antes de alcanzar, diezmada, El Passo del Norte, el cual al ser finalmente divisado desde la orilla norte.

"Me produjo la más indescriptible sensación de felicidad ·escribirá Sevillano· tanto el capitán Phelipe Armendáriz, su prometida María Helena que se comportó con increíble entereza y el desgraciado Fermín de Santillana y yo mismo veníamos muy mal heridos a grado que Fermín expiró al día siguiente de nuestro arribo a el cien veces bendito Passo del Norte. Los demás, a excepción de Doña Catalina Olivares que también feneció, logramos sobrevivir, pues tan mal andábamos que rengueando, nos apoyábamos los unos en los otros...."

Física y moralmente deshecho Don Antonio de Otermín escribe al virrey esta desesperada carta:
"Estoy acampado y fortificado en este río del norte esperando las órdenes de su excelencia sobre lo que debe ser hecho".

Jamás la corona había experimentado un descalabro de esta naturaleza y aún después de arribar a El Passo del Norte, muchos colonos aún presa del pánico, quisieron proseguir hacia el sur, lo que fue impedido por el mismo Otermín, quien aún quiso ·infructuosamente· recuperar el paraíso perdido.

De esta guisa El Passo del Norte durante trece años se convertirá en la capital del Nuevo México.

CAPÍTULO IV

Reconquista de Santa Fe

Don Juan de Austria, desde Europa, recomienda a uno de sus mejores capitanes, Don Domingo Jironza Petriz de Cruzate ante el virrey de la Nueva España para la reconquista de la perdida joya de la corona, Santa Fe. De esta forma en agosto de 1583 ·tres años después de la masacre· arriba a El Passo del Norte como gobernador. De inmediato reagrupa sus fuerzas, evitando la evacuación de los pobladores de esta villa, los cuales temerosos de que repitiera la hecatombe de Santa Fe, querían emigrar a Santa Bárbara, toda vez que persistía el acoso de jumanos, tiguas, kiowas y apaches.

A fin de mejorar en algo la precaria situación material, obtuvo del gobierno virreynal dos mil quinientos pesos, destinados a la compra de semillas y animales de cría, con el objeto de arraigar a los supervivientes de Santa Fe en la orilla sur del gran río.

Don Cristóbal Sevillano ·cronista de la época· habrá de anotar sintiéndose un Suetonio del Nuevo Mundo:
"Cuatro años han transcurrido de la desgracia de Santa Fe. Con la llegada del favorito de Don Juan de Austria, el nuevo gobernador, Don Domingo Jironza Petriz de Cruzate, han renacido las esperanzas de recuperar nuestra añorada ciudad natal. Murieron mis

padres y mi hermana menor Mercedes. No hubo nadie que no hubiera perdido un pariente. Gracias a Dios me encuentro desde entonces en esta bendita tierra de El Passo del Norte. Sané todas mis heridas: en el hombro, en el costado derecho, en la rodilla del mismo lado y en el tobillo, si cualquiera de esas jaras hubiese estado emponzoñada ahora estaría a la diestra del Señor. El capitán Armendáriz también sanó, pero quedó rengo; contrajo nupcias con María Helena ·cuyos padres y hermanos fenecieron· y ya tienen una pequeña hija. Recibieron más tierras en el valle y han empezado la siembra. En fin, la vida continúa y yo, al menos espero volver algún día a la villa donde vi la primera luz..."

Para no hacer quedar mal a Don Juan de Austria, inicia una enérgica campaña de reconquista del paraíso perdido y aunque logró derrotar en todos los combates librados al norte del río grande, e incluso se obtienen buenos avances, no pudo coronar su objetivo, pues el 22 de febrero de 1691 pisa por vez primera El Passo del Norte el hombre a quien cabría la gloria de recuperar una de las más bellas gemas de la corona.

Allá en la península ibérica la invasión sarracena sobrepasaba los siete siglos, que fueron de lucha permanente entre ellos y los cristianos, habiendo motivado el célebre verso:
"Vinieron los sarracenos
Y nos molieron a palos
Dios siempre ayuda a los malos
Cuando son más que los buenos"

Pues bien, algunos años después del cisma entre la jerarquía católica romana y la griega ortodoxa, en el lapso de 1080 a 1083, el rey Alfonso VI se apresta a la lucha contra los moros, para lo cual deberá contar con la inapreciable ayuda de dos renombrados hidalgos: los esforzados y nobles hermanos Vargas.

Ruedan las centurias del bajo medioevo europeo y brota la leyenda que nada menos que San Isidro Labrador, nace, vive y después de su santa labor entrega su alma al Creador precisamente en el feudo de Don Jhoan de Vargas ·ascendiente de nuestro próximo personaje· antes de convertirse en el patrón de la villa de Madrid.

No concluye aquí su abolengo, pues el más lúcido consejero del más poderoso monarca del orbe, Carlos V, fue Don Francisco de Vargas, ancestro del hombre nacido el 30 de octubre de 1643 en la misma ciudad de Madrid, recibiendo días después las aguas lustrares de Diego José de Vargas, Zapata Luján, Ponce de León y Contreras.

Sometido a la más esmerada educación, pronto aprende el griego, latín, francés, alemán, italiano y portugués, además de conocer el catalán y el dialecto siciliano. Para no desmentir a su egregio abolengo, abraza la carrera de las armas, la cual inicia bajo los más promisorios augurios.

El Palacio Real de Madrid se encuentra de gala. Teniendo al propio emperador como padrino, se celebran las esponsales de la aristocrática dama, Doña Beatriz Pimentel de Prado de Torrelaguna, con el esforzado capitán y gobernador del Nuevo México, con sede en El Passo del Norte de la Nueva España, Don

Diego José de Vargas Zapata Luján, Ponce de León y Contreras, quienes después de los tres días de festividades parten de Barcelona rumbo a la ciudad eterna a recibir la bendición del sucesor de San Pedro.

A su retorno a la capital del más grande y rico imperio del planeta, el joven capitán ya sueña con la América y empieza los preparativos para embarcarse. Pero he aquí que Doña Beatriz, aristócrata y voluble, repentinamente se niega a abandonar España para internarse al país salvaje que es El Passo del Norte, a pesar de lo cual el noble capitán decide continuar su propósito de la reconquista del Nuevo México y prescindiendo de su joven consorte se dirige hacia el nuevo mundo.

Embarcado en el puerto de Cádiz, cruza el océano y llega felizmente al puerto de Veracruz, de donde prosigue hacia la capital del virreinato, en la cual presenta sus cartas al representante del emperador ·y apenas descansa ocho días cuando emprende la marcha rumbo al norte·. Ahora viene altamente estimulado al sólo recuerdo de que sus ancestros algunas centurias participaran al lado de Alfonso VI en la reconquista de Toledo contra los moros.

Cuentan sus biógrafos que su personaje favorito era el ingenioso Hidalgo Don Quijote de la Mancha, del cual conservaba además de la edición castellana, otra en catalán, aprendiéndose de memoria grandes trozos del primero. Apenas llega a El Passo del Norte y emprende una vertiginosa campaña reclutando a su paso por Parral cien hombres de caballería. Ante los amagos de asedio de las tribus bárbaras allende el río grande, refuerza la plaza y anima a los habitantes al traer de la capital del virreinato grandes cantidades de mercerías, jabón, tabaco, chocolate, azúcar y café prometiendo en breve tiempo obtener importantes victorias sobre los apaches, pero muy especialmente contra su principal enemigo: el renegado Popé.

Líder nato, convence a sus huestes de la supremacía de las armas españolas, así como de su superior estrategia. Pero por otra parte se hace acompañar de devotos evangelizadores franciscanos, con el fin de obtener la sumisión de los indios, ya mediante el ejemplo de Jesús, ya a través del hierro. Además le gustaba la actividad diplomática y ejercer con su oratoria su poder de convencimiento.

Todo ello bien combinado le hace cosechar estupendos resultados. En su primera salida obtiene concretos objetivos: más de dos mil indios vuelven a nuestra verdadera religión así como veintitrés pueblos.

Así para el 20 de diciembre de 1692 hace su arribo a El Passo del Norte con las buenas nuevas para la corona. Esta ocasión se quedó estupefacto al contemplar en éxtasis la increíble hermosura de una de las más singulares damas de la colonia: Doña Nicolasa Rendón Acuña y López Borbón y cuya efigie fue trasladada al lienzo por más de un artista, para perpetuar la incomparable radiación estética de su personalidad.

Con esta nueva inspiración, hace nuestro victorioso capitán una segunda e inteligente incursión diplomática y bélica. En el primer sentido les obsequia a los indios espejos, baratijas, piloncillo, chocolate, café y azúcar. Pero también haciendo acopio de enorme sangre fría entra a territorio enemigo y haciendo gala de sus dotes de oratoria habla de perdón y de bondad. A su vez los santos franciscanos absuelven a los aborígenes y se les gana para la civilización.

Consciente de que nadie puede resistirse al buen trato, intenta hacer volver al redil de las ovejas descarriadas. Sabe también que ante el rencor atávico de la estirpe apache, habrá indefectiblemente -al igual del diabólico caso de Popé- de desenvainar la espada.

En esta época obtiene como resultado de su entrevista con el virrey la estupenda suma de cuarenta mil pesos a fin de adquirir instrumentos agrícolas, semillas, mulas, caballos y ganado vacuno para pie de cría y así iniciar una fase de prosperidad de El Passo del Norte. Como buen gobernador, en el mes de diciembre de 1692 levanta, con el valioso auxilio del escribano Cristóbal Sevillano el primer censo demográfico de esta plaza en los siguientes términos:

En El Passo del Norte: 328 habitantes
Real de San Lorenzo: 266 habitantes
Senecú: 63 habitantes
En el distrito de El Passo del Norte:
112 casas
5 sacerdotes
73 parejas de casados
115 solteros
448 niños
250 sirvientes

Además de lo anterior repartió equitativamente los primeros ejidos de la comarca, adelantándose en varios siglos a la revolución mexicana de 1910.

La encomiástica obra social ·más allá de cualquier elogio· desarrollada por este gobernador, aún no llenaba sus aspiraciones las cuales sólo podían colmarse con la toma de Santa Fe. Cuidadosamente prepara la marcha y el asalto. El día 4 de octubre de 1693 parte el ejército de su majestad hacia el norte, "sin cansar demasiado a los caballos y a los soldados a fin de llegar frescos al teatro del combate". A finales del propio mes después del mediodía llegaron a las goteras de la ciudad. A la mañana siguiente, con el primer rayo de la aurora un disparo de arcabuz incitó al ataque. Los desprevenidos súbditos de Popé al percatarse opusieron tenaz resistencia, luchando cuerpo a cuerpo durante todo el día, vendiendo cara la vida; para el anochecer el mortal círculo se había cerrado sobre el palacio del gobernador, la plaza, la iglesia y las principales casas del centro. Varios correos salieron al norte con evidente objeto de pedir urgente auxilio a las tribus de jumanos y apaches diseminados en la vasta estepa.

Durante la noche se perfeccionó el cerco, se colocaron escalonados centinelas. Al siguiente día, con el fulgor de la aurora, encabezados por el bravo capitán y su escolta personal, se lanza el asalto final, dirigiéndose Diego de Vargas directamente al palacio del gobernador donde el desalmado Popé dirigía la defensa, pero sobre él cayó con todo ímpetu la escolta del gobernador y éste haciendo punta se lanzó sobre su adversario, el cual en cosa de instantes quedó perforado en pecho y estómago por los terribles lanzazos de los castellanos, cayendo entre incoherentes maldiciones y expirando cuando el acero toledano del Hidalgo se hundió hasta la arandela.

Viendo perecer a su jefe empezó la desbandada y antes del mediodía la batalla había concluido felizmente para la corona. Al grito de ¡victoria! dio la orden el gobernador de no perseguir más a los derrotados. Se limitó a asegurar a los rendidos y tomar posesión del palacio del gobernador. La tarde se empleó en abrir fosas comunes para los caídos y curar a los enfermos. Cedamos ahora la palabra al cronista Cristóbal Sevillano:

"Aún con tan espléndida victoria, no dejó de embargarme una profunda tristeza. No puedo decir que fui un héroe porque me limité a tocar la trompeta y ayudar a los demás soldados, principalmente a los de a caballo así como a mover los heridos a lugar seguro y ayudar a nuestro doctor Don Sebastián de Granada con las vendas y demás cosas. Lo cierto es que este día Don Diego se cubrió de gloria, pues me informan que él le dio la final estocada al endiablado Popé mandándolo inmediatamente a los infiernos. Terminada la batalla lo primero que hice fue ir a mí casa y casi lloré al ver puras ruinas y de mis padres y mis dos hermanos, ni sus luces. Pero toda la villa se encontraba en ruinas pues estos indios no saben vivir como gente de razón. La iglesia estaba sin techo, quemada y el Santo Cristo y otras imágenes Dios sabe dónde quedaron. Curiosamente los indios quemaron y destruyeron todos los muebles de todas las casas porque no conocen la civilización. Por la mañana hubo misa de acción de gracias y me preguntó Don Diego que si me quiero quedar aquí atendiendo asuntos de palacio y le dije que sí, que aquí murió mi familia y yo algún día fundaré D.M. otra y cuando el Señor me recoja también aquí seré enterrado..."

Una nueva vida empezó ese otoño de 1693 para la villa de Santa Fe. Con gran tesón se reconstruyó no sólo el palacio del gobernador, sino el resto de la ciudad. Un mes más tarde Don Diego de Vargas parte con una pequeña escolta a El Passo del Norte a recoger a su amada, la bellísima Nicolasa Rendón Acuña y López Borbón para establecer su nuevo hogar en Santa Fe, el cual fue bendecido con el nacimiento de dos hijos. Su labor como gobernador fue magnífica: en poco tiempo reconstruyó totalmente la villa haciéndola florecer en todos los sentidos, a grado tal, que su fama llegó a la capital del virreinato e incluso se le insinuó que era un fuerte candidato para gobernar Filipinas, lo cual entusiasmó a su bellísima consorte.

No alcanzó a pisar Filipinas, si no ¡la cárcel!. El lector se preguntará con justificada razón que pasó. Al término de su gobierno llega Don Pedro Rodríguez Cubero, el cual conforme a las crónicas de la época constituía la otra cara de la moneda: "... feo, mal hecho, semi-jorobado, siniestra la mirada, la frente estrecha, fanático religioso, ebrio consuetudinario, mezquino, no pudo resistir el brillo de la gloria reflejada en la armadura de Don Diego, mucho menos aún resistió su buena fortuna de haber conquistado a Doña Nicolasa "la mujer más fermosa de la Nueva España".

Calumnias y vulgares chismes se ciernen sobre el héroe de Santa Fé, abuso de autoridad, no escuchar misa con la devoción debida, ni confesar sus numerosos pecados, adúltero, proclive a la apostasía y refractario a recibir la sagrada comunión, libre pensador, son algunos de los cargos enderezados en su contra después de quedar encerrado en una sombría celda del propio palacio y ser tratado como el peor criminal, incomunicado incluso de su propia familia, siendo además multado con cuatro mil pesos y la confiscación de todas sus propiedades, mientras su feroz enemigo se la pasaba escribiendo cartas y oficios como un obseso, sin perjuicio de beber copa tras copa de aguardiente, enviando misivas incoherentes a los virreyes y al propio emperador.

A su vez Doña Nicolasa Rendón Acuña y López Borbón, además de su estética figura poseía clara inteligencia y ante la imposibilidad de comunicarse con su amado, escribe explícita misiva directamente al emperador y por diverso conducto otra al virrey, ambas apoyadas por firmas de frailes y capitanes, lo cual produce el efecto de ordenar bajo la firma del Rey de España, la libertad inmediata sin fianza ·luego de tres años de cautiverio· y recibir el título de Marqués de la Nava de Bracinas independientemente de su restitución como gobernador del Nuevo México y finalmente el honorífico reconocimiento real de "pacificador del Nuevo México".

Apenas reivindicado se dirige a la audiencia donde ya el virrey le esperaba y luego de calmadamente escucharle, le extiende el nuevo nombramiento de gobernador, tras lo cual, en julio de 1703 emprende el viaje hacia el norte, en tanto su dipsómano rival continuaba escribiendo pliego tras pliego y sin embargo, al enterarse de los últimos acontecimientos, bajo el pretexto de ir a escarmentar a los apaches, como todo buen cobarde pone pies en polvorosa temeroso de ser retado en duelo a muerte por su calumniada víctima.

Así se perdió para siempre, cubierto por la capa de piadoso olvido Don Pedro Rodríguez Cubero.

No perdió tiempo el ahora Marqués de la Nava de Bracinas, reestructuró de nueva cuenta todo el aparato burocrático y cuando los apaches se dejaron sentir asesinando colonos y robando bestias salió a combatirlos tan incansable como siempre y sin embargo esta ocasión los estragos de la edad, aunados a los sufrimientos de su prisión hicieron presa de su organismo y en plena campaña, sintió que le faltaba el aliento por lo cual comprendió su próximo fin y luego de dictar su última voluntad, el ocho de abril de 1704, sobre la ribera del río grande del norte, murió.

CAPÍTULO V

Colonización

Tras la exploración vino la conquista y finalmente la colonización. En el valle de El Passo del Río Norte las misiones van brotando felizmente: Senecú, San Elizario, Ysleta y Socorro paulatinamente van atrayendo a los indios de la comarca. De por sí el río ya trae gran variedad de peces, pero la agricultura constituirá la base económica de la región: frijol, chile, maíz, nuez, algodón y viñedos con semilla italiana y española habrán con el tiempo de convertir la región en un vergel.

En la gran tierra donde convergen el río conchos por el sur y el río grande por el norte se avizora un brillante porvenir: la ganadería a base del toro español "long-horn", hoy símbolo de la prosperidad texana, el borrego, la cabra, la gallina y el guajolote garantizan al complementarse con la agricultura, el desarrollo económico del norte de la Nueva Vizcaya. El caballo, el burro, la mula y el macho se agregan a los elementos indispensables no sólo para el desarrollo de El Passo del Norte sino para el comercio internacional de los productos que, provenientes de Manila llegan por barco hasta Acapulco para empezar a distribuirse en la capital del virreinato y desde allí, siguiendo el camino real hacia el norte, empiezan a descargar su mercancías en Guanajuato, Zacatecas, el mineral de San José del Parral hasta llegar a El Passo del Norte, donde a su vez confluyen igualmente artículos provenientes de Nueva York, los cuales llevan el camino inverso de norte a sur llegando a San Luis Missouri, Independence, Santa Fe y finalmente a El Passo del Norte, pues difícil es concebir un desarrollo económico que pretenda prescindir del comercio. Ha sido esta actividad desde el siglo XVII hasta el XXI el motor fundamental del desenvolvimiento de nuestra ciudad.

La tranquilidad no fue ciertamente permanente en los siglos XVIII y XIX. Los mansos no lo fueron siempre. Debe destacarse en primer término la abnegación con la cual los franciscanos a costa de su propia existencia en innúmeras ocasiones van atrayendo a la doctrina de Jesús a mansos y jumanos. Los apaches, como bien lo señalan las crónicas de otras centurias fueron los más rebeldes a someterse a la civilización.

En la ciudad de Durango el 10 de mayo de 1684 toma posesión como gobernador de la Nueva Vizcaya Don José Neyra y Quiroga a la cual pertenecía nuestro presidio del Passo del Norte. Este funcionario siguiendo los dictados de su conciencia y del más elemental humanismo, se mostró inflexible en contra de la esclavitud, en los mismos momentos en que su Santidad Inocente XI organizaba la Santa Alianza con Polonia, Austria y Venecia en contra de Turquía. Mientras la corona española toleraba la esclavitud -especialmente en las orillas del bellísimo lago Como- al norte de Italia, casi en la frontera con Suiza en 1745 nace Alessandro Volta, quien al cerrar la centuria realizaría uno de los más grandes inventos en toda la historia de la humanidad: la pila eléctrica, gracias a la cual hoy se puede convertir la noche en día y generar las más insospechadas fuentes de energía para beneficio de todos los habitantes. Por este sólo hecho bien puede considerarse al siglo XVIII como uno de los más afortunados. Fruto de los trabajos del insigne italiano llegará a El Passo del Norte el telégrafo, el teléfono y algo después, la comunicación inalámbrica debido a otro compatriota: Enrico Marconi. De ninguna manera el gran desarrollo de nuestra frontera puede concebirse inconexa de estas valiosas realizaciones.

Así pues, en la provincia de la Nueva Vizcaya, y por ende El Passo del Norte, el siglo XVIII arroja un saldo altamente positivo: disminuyendo en parte las depredaciones apaches y en 1787 se abre una etapa de calma en toda esta región al firmarse un tratado de paz entre el gobierno representado por Don Domingo Díaz y Don Juan Elguezabal y por la otra los capitanes Cuerno Verde, Matajé, Calvo, Patale, Quemado, Montera Blanca y Bigotes de Bermejo.

Respiro fue, pues sabiendo el virreinato que los apaches no sentían mucha vocación por la agricultura y que en cualquier momento podían violar el pacto, de cualquier manera se aprovechó el tiempo para desarrollar la agricultura, la ganadería, la incipiente industria y el comercio. Lo que ignoraban los virreyes del hemisferio es que allá en el viejo continente había nacido el genio corso y el cual tendría una decisiva influencia en la revolución de independencia.

CAPÍTULO VI

El Siglo de la Independencia

Después de la batalla de las pirámides regresa Bonaparte a Francia, depone al director y encabeza el consulado. En 1800 tienen lugar las famosas batallas de Marengo y Hohenliden en las cuales el ejército francés derrota a los austriacos. Apenas dos años más tarde, Napoleón se convierte en cónsul vitalicio y al año siguiente éste vende la Louisiana a los Estados Unidos, con lo cual se inicia la expansión territorial de este país.

Aún siendo ya cónsul vitalicio no está satisfecho, ahora claudica a sus ideales revolucionarios y quiere convertirse en emperador. Su santidad viaja a París para coronarlo, pero en el último momento, en plena ceremonia, el ex-cónsul toma la corona en sus manos y él mismo la coloca en sus sienes y relata la anécdota que en el banquete inmediato el mariscal Ney le pregunta porque no permitió que fuese el Papa quien le coronara a lo cual replicó el corso:
- ¿Qué personalidad tiene el Papa?
- Es el representante de Dios – señala su mariscal.
- ¿Ah sí? ¿y entonces, por qué no me acreditó el poder notarial firmado por Dios?. Si lo hubiere exhibido le aseguro que le permito coronarme replicó el sarcasmo.

1805. El sol de Ulm y Austerlitz brillará para Napoleón inmortalizando sus victorias, pronto seguidas por las de Jena y Averstad. Pero quiere aún más y en 1808 invade a la Península Ibérica.

Para los pensadores de toda la América Hispánica este simple hecho hace que deje de tener sentido el dominio sobre el nuevo continente, encendiéndose así las antorchas libertarias de Francisco de Miranda y Simón Bolívar en Venezuela, lo mismo que en Argentina y Chile; mientras en "la joya más preciada de la corona", La Nueva España, igualmente vibró al ritmo de los países del sur y será Miguel Hidalgo, el cura y antiguo rector del Colegio de San Nicolás, quien alce la tea ideológica de la revolución de independencia.

Luego de una serie de impresionantes victorias sobre el ejército realista, comete Hidalgo el fatal error, que milenios antes Aníbal después de la batalla de Cannas, cuando pudo, luego de derrotar a las legiones imperiales, haber tomado Roma, lo cual permitió que un general le increpara:
- Bien se ve que los dioses no conceden todos los dones a un simple mortal. Tú sabes vencer, mas no sabes aprovechar tus triunfos.

De la misma forma, si Hidalgo al derrotar al ejército virreynal, toma la Ciudad de México, la independencia se hubiese anticipado once años... pero las cosas ocurrieron de otra forma. Después de haber desaprovechado la victoria del Monte de Las Cruces, empiezan los descalabros que habrían de culminar en Acatita de Baján con la traición de Elizondo, en la cual es hecho primero prisionero junto con Allende, Aldama y Abasolo.

Algún escritor expresó que el Chihuahua de 1811 era realista. ¡Nada más lejos de la verdad!, esta aseveración a la luz de la historia y de la razón es completamente falsa por las siguientes razones:

a) Al conocerse el arribo de los ilustres prisioneros encabezados por Miguel Hidalgo, inmediatamente se reunieron un grupo de simpatizantes con la causa de la independencia, integrado por Salvador Porras, Juan Pablo Caballero, Gaspar Ochoa Terrazas, Félix Trespalacios y el sacerdote Mateo Sánchez Álvarez; con el objeto de liberar al Padre de la Patria y conducirlo inmediatamente a El Passo del Norte y de allí a Santa Fe. Esta conjura infortunadamente fue descubierta por la indiscreción de la amante de Gaspar Ochoa Terrazas; y el comandante Nemesio Salcedo inmediatamente les aprehendió y fusiló a excepción del cura Mateo Sánchez Álvarez quién fue conducido preso a la ciudad de México.

b) El clima social era tan favorable a los reos que el comandante Salcedo publica un bando en el cual expresa: "...se permite a todos los vecinos, que en el día en que entren los reos, salgan a verlos en la calle o en el campo.

Se prohibe formar pelotones

Nadie se subirá a las azoteas

Nadie será osado a levantar el grito para impropiar a los reos; **ni menos dar muestras de una imprudente compasión**

Nadie concurrirá armado".

Lo cual prueba el temor a una reacción popular a favor de la causa insurgente.

c) A la infame saña con que se ordenó la decapitación de Hidalgo, ningún chihuahuense quiso prestarse a la macabra tarea, por lo cual hubo de recurrirse al expediente de publicar un bando ofreciendo cuarenta pesos de plata al voluntario que aceptara decapitar al cadáver. Tampoco así se presentó ningún habitante, por lo que hubo que echar mano de un indio comanche traído de Ojinaga cautivo, a quien se le rebautizó con el españolizado nombre de José Manuel y quien a duras penas entendía el castellano y al cual se le ofrecieron los cuarenta pesos, una botella de sotol y su libertad para separar la cabeza del cuerpo. Con este gesto se demuestra la solidaridad del pueblo de la Nueva Vizcaya en favor del reo.

d) Los chihuahuenses de principios del siglo XIX podrían ser ignorantes, mas no estúpidos al grado de apoyar el inmisericorde saqueo de la riqueza minera de la Nueva España con destino a la metrópoli, que ya iba sobre tres siglos, máxime que precisamente la Nueva Vizcaya era uno de los principales productores de oro y plata de todo el hemisferio.

e) Aún hoy día la tradición oral de Chihuahua, transmitida de abuelos a nietos expresan la simpatía que despertaron los reos al grado que las familias se pusieron de acuerdo para llevarles viandas y postres a los reos.

f) Inmediatamente se esparció por toda la población la grandeza moral de Hidalgo durante ambos procesos: el gobierno virreynal y el llevado a cabo por el Santo Oficio de la Inquisición, en los cuales causó admiración su entereza y lucidez.

g) Aún tuvo ánimo el sentenciado a muerte para legar a la posterioridad sus célebres versos:

"Ortega, tu crianza fina,
tu índole y estilo amable
siempre te harán apreciable
aún con gente peregrina.

Tiene protección divina
la piedad que has ejercido
con un pobre desvalido
que mañana va a morir
y no puede retribuir
ningún favor recibido"

y dirigiéndose a Melchor Guaspe:

"Melchor, tu buen corazón
ha adunado con pericia
lo que pide la justicia
y exige la compasión

Das consuelo al desvalido
en cuanto te es permitido
partes el postre con él,
y agradecido Miguel
te da las gracias rendido'.

h) Inmediatamente a la muerte del prócer, al comandante Salcedo le azotó la cara el silente repudio de la sociedad, negándose los habitantes a dirigirle la palabra e inclusive a eludirle ostensiblemente, motivo por el cual su esposa Telésfora le persuade de abandonar "este lugar maldito" y tramitado su cambio, al poco tiempo se embarca con rumbo a la Península Ibérica, donde, como si una maldición le persiguiese, viudo, solo, pobre y abandonado por todos habrá de desaparecer.

A su vez del comanche algún cronista escribió: "...sólo se sabe que concluida su tétrica tarea, adquiere un caballo y sucesivos soles contemplaron su solitaria figura cabalgando por la inmensa vastedad del desierto chihuahuense en búsqueda del río grande".

El martirio de Hidalgo no hizo sino avivar las simpatías por la causa de la independencia, mismo que fue abrazado no sólo por los criollos y mestizos a quienes se les negaba todo acceso a los cargos públicos sino hasta por incontables peninsulares quienes sentían ya como propia la nueva patria.

Lentos y tardados llegaban a El Passo del Norte los correos sobre la lucha, ahora encabezada por José María Morelos respecto a nuestra libertad hasta que finalmente llegó la buena noticia de la consumación de la Independencia. Al saberse en El Passo del Norte tan grata nueva, los vecinos de inmediato organizaron una fiesta en la cual unos aportaron las viandas, otros los postres, algunos más la música en la residencia de Don Juan Antonio García de Noriega. No faltó tampoco el imprescindible poeta que improvisó versos y loas al libertador Don Agustín de Iturbide así como al general Vicente Guerrero. La velada se prolongó durante toda la noche y sólo declinó cuando el sol anunciaba un nuevo día. La Nueva España quedaba en las tinieblas del pretérito y aparecía la luminosa patria bajo un nuevo nombre: México.

A lo largo de todo el territorio nacional, desde California, Nuevo México hasta Yucatán se produjo un una patriótica euforia ¡éramos libres!. El saqueo de nuestros metales preciosos cesaría y el país se encaminaría por la senda de la prosperidad y la felicidad.

Sin embargo, pronto aparecieron negros nubarrones en el horizonte. La primera decepción fue la coronación de Iturbide como emperador, pues ya los intelectuales habían leído a los enciclopedistas franceses, había caído el breve reinado de Napoleón y sobre todo en el continente empezaba a arraigar la idea republicana ante una monarquía ya fuera de tiempo.

Si los reyes de España cometieron graves errores en su apreciación del nuevo continente, mayores desatinos cometieron los inexpertos, pero ambiciosos, gobernantes mexicanos que desembocarían en la pérdida de la mayor parte de nuestro territorio.

La primera mitad del siglo XIX será contemplada por los habitantes de El Passo del Norte con estupefacción: la lucha irreconciliable entre centralistas y federalistas; entre conservadores y liberales, así como las guerras de Texas y la invasión de 1846, ambas con nefastos resultados para el país.

Es evidente que la enorme mayoría de los seres pensantes estuvieron a favor de la República y en contra del efímero imperio de Iturbide. En los subsecuentes años el país osciló entre la anarquía y la dictadura. Los primeros balbuceos constitucionales verdaderamente pobres fueron en resultados, aún debiéndose mencionar que ya para entonces, tres siniestros personajes intervendrían para desgracia de México: Joel Poinsett, quien se entregó de lleno a la segregación territorial del país, eficazmente apoyado por el traidor Lorenzo de Zavala, quien por cierto, al igual que el Iscariote, no alcanzará a disfrutar mucho tiempo el producto de su traición.

Antonio López de Santa Anna, quien cerrará la funesta trilogía, que tan directamente afectaría a El Passo del Norte, para quien la secuela de desgracias apenas se iniciaba.

CAPÍTULO VII

La Pérdida de Texas

Torpe fue, por carente de la más elemental visión política, la actitud de los primeros gobernantes mexicanos, con respecto al inmenso y despoblado territorio de Texas. El 23 de octubre de 1835 se votan las bases de lo que sería conocido como Las Siete Leyes estableciendo el Supremo Poder Conservador, convirtiendo al Estado de Chihuahua en un departamento, perdiendo en esta forma su independencia y soberanía interior, pasando el descontento de los habitantes de la entidad a segundo término en virtud de que el primero lo era la centenaria guerra apache la cual impedía el desarrollo de la agricultura y la ganadería y simultáneamente obstaculizaba gravemente la comunicación comercial.

Para ese entonces se había encendido ya la fiebre expansionista al grado de que el Presidente James K. Polk da instrucciones a John Slidell para adquirir todo el territorio mexicano posible, especialmente las Californias, Nuevo México, Sonora, Chihuahua, Coahuila y Tamaulipas confiando para ello en la increíble desorganización y corrupción prevaleciente en el gobierno de México.

Un agricultor llamado Moses Austin, en plena colonia, llega a la capital del virreinato para colonizar el territorio texano, a lo cual accede otorgando tierras en forma gratuita con sólo dos condiciones:
1. Someterse a la corona de España
2. Abrazar a la religión católica

El 17 de enero de 1821 ·apenas unos meses antes de consumarse la independencia· queda firmado el trascendente documento y Austin regresa a Missouri para organizar la gran empresa.

En septiembre de ese mismo año concluye la dominación española y nace México a la libertad, unos años más tarde, ya la colonización norteamericana de Texas había avanzado tanto que el 2 de marzo de 1836 en Washington se hace la declaratoria de independencia de ese estado, con la activa participación del traidor Lorenzo de Zavala, ahora convertido en diputado por Harrisbourgh.

La ineptitud del funesto general Antonio López de Santa Anna pronto quedó de manifiesto ante la vergonzosa derrota que le propinó el improvisado militar Samuel Houston, quien con este hecho de armas consolida la independencia de la nueva república de Texas, pues sumado a la derrota, debe agregarse el hecho de haber caído prisionero el propio general López de Santa Anna.

La guerra de Texas fue un capítulo vergonzoso para México pero aún faltaba lo peor: la guerra de Estados Unidos con nuestro país. A partir de 1836 El Passo del Norte se convierte en frontera, situación que conserva hasta la actualidad. En el norte ya se había iniciado la fiebre expansionista. El 29 de diciembre de 1845, pasaba Texas a formar parte de la Unión Americana y muy poco más tarde se inicia la invasión militar a México en tres cuerpos armados:

a) El ejército del centro comandado por el general Wool, partiendo de San Antonio, Texas para ocupar los estados de Coahuila y Nuevo León.

b) El ejército del oeste al mando de Kearny con destino a Nuevo México y la Alta California.

c) El ejército del bravo bajo Zacarías Taylor para dominar Tamaulipas y Nuevo León. A su vez se dispuso de dos fuerzas navales para operar una en el océano pacífico y la otra en el golfo de México.

Entre tanto México se debatía en el más profundo caos político y económico debido a la lucha fratricida entre conservadores y liberales, una de las razones por la cual la improvisada defensa que se opuso en el Estado de Chihuahua, a 20 kilómetros de El Passo del Norte en un lugar llamado Temascalitos, donde los mexicanos bajo el mando de Ponce de León, José A. Heredia y el entonces coronel Angel Trías, teniendo lugar este combate el 22 de diciembre de 1846 en el cual las tropas americanas se alzan con la victoria, debiéndose replegar las tropas mexicanas al sur para situarse en Sacramento, a 27 kilómetros al norte de la ciudad de Chihuahua. El insigne intelectual e historiador licenciado Enrique González Flores atribuye la derrota de este último combate a pesar de los actos heroicos chihuahuenses, a la incompetencia del comandante José A. Heredia, dando como resultado que la ciudad de Chihuahua quedase a merced de los invasores, por lo cual el Presidente James Polk, frotándose las manos de felicidad declara a dicha acción de armas como "... **una de las hazañas más decisivas y brillantes de la guerra...**"

Al ocupar la ciudad de Chihuahua, el general Doniphan se entrevista con el jefe político José Félix Maceyra en la cual entre otros puntos, propone la neutralidad del Estado de Chihuahua a lo cual con toda valentía y dignidad, replica el chihuahuense:

- En estos momentos aceptar una neutralidad equivale a una traición a la Patria.

Y a continuación se repliega hacia la sierra, mientras el ejército Yanqui prosigue hasta Chapultepec lo cual hace exclamar al patriota Angel Trías: "...**la ciudad de México está en poder de los norteamericanos, pero lo está porque así lo había escrito el dedo de Dios; porque teníamos un gran crimen que expiar; porque cuando el enemigo profanaba ya nuestro territorio, recorría nuestros campos y se apoderaba de nuestras ciudades, la inmensa mayoría de los mexicanos miraba sus triunfos con indiferencia y no tomaba en la lucha la parte que le correspondía; porque, en fin, mientras él incendiaba Veracruz, los mexicanos se asesinaban en las calles de México...**"

Esta dolorosa frase se refiere, desde luego a las desorbitadas ambiciones políticas en la lucha de conservadores y liberales.

Dentro de la enorme tragedia que se cernía sobre México, al Estado de Chihuahua le cupo al menos la pequeña satisfacción de que Temascalitos y en Sacramento, se vertió la sangre en defensa de la Patria,

54

y poco después en Chapultepec, uno de los niños héroes, Agustín Melgar, igualmente ofreció su vida ante el invasor.

Perdida la guerra, viene el Tratado de Guadalupe-Hidalgo para formalizar la enorme mutilación del territorio nacional, que deja al Estado con frontera ante Nuevo México.

Faltaba aún otra infamia de Antonio López de Santa Anna: la venta de la Mesilla que hace perder aún más territorio a Sonora y Chihuahua afectando muy directamente a El Passo del Norte. Cuando ésta se consumó el gobierno norteamericano le dio la opción a los habitantes locales de quedarse y obtener la ciudadanía norteamericana o bien retirarse a El Passo del Norte. Aún hoy la tradición familiar relata cómo algunos, con lágrimas en los ojos, para no perder su único patrimonio, optaron por lo primero. Sin embargo, muchos mexicanos lograron vender sus pertenencias y replegarse a la frontera mexicana en un dramático éxodo, al cual permaneció totalmente insensible su autor, Antonio López de Santa Anna, una vez agotada su natural capacidad para cometer infamias para desgracia de nuestro país.

CAPÍTULO VIII

Conservadores y Liberales

Por idiosincrasia, tradición y geografía; ha sido orgullosamente Chihuahua insurgente, liberal y revolucionaria, significándose con el heroísmo y abnegación de sus hijos en cada una de las etapas estelares de nuestra nación. En la fase de la insurgencia, varios chihuahuenses dieron su sangre en el intento de rescatar de la prisión al padre de la patria, debiendo anotar que uno de ellos, Gaspar Ochoa, era vecino de El Passo del Norte.

En la fratricida guerra entre conservadores y liberales, decididamente ·como lo comprueban incontables documentos· no sólo numerosos chihuahuenses de nueva cuenta sacrificaron su vida en el ara del ideal liberal, sino tanto la ciudad de Chihuahua, como El Passo del Norte, dieron albergue a Juárez y se convirtieron en sede de los poderes de la Federación.

Aún en plena pugna política entre conservadores y liberales, a principios de 1848, hallándose en Querétaro el general Angel Trías, recibió la información de que el general Sterling Price ocupa El Passo del Norte, ante la impotencia de sus habitantes y se prepara ya para lanzarse al sur. El ilustre jurisconsulto y puntual historiador, Enrique González Flores habrá de dejarnos esta página:

"...Abandonado por la ayuda federal, cuya cooperación había solicitado inútilmente, nuevamente recurrió al patriotismo de los chihuahuenses, organizando con el aprovechamiento de las compañías presidiables, un ejército de 1000 hombres; pero un decreto dictado por el Gobierno Federal en Querétaro, el 16 de diciembre, declaró extinguidas dichas compañías, acto que agravó la situación y que, unido al mandato de que el impuesto sobre tabacos se pusiera a disposición de la dirección del ramo, mediante pago de libranzas, colocó aún en más difíciles circunstancias la defensa proyectada por Trías".

"Por encima de los Tratados de Paz de Guadalupe, Sterling Price entró a Chihuahua el 6 de Marzo y el general Trías, con 400 hombres, se dispuso a presentar combate en Rosales, lugar a donde el enemigo llegó el día 9, el mismo día se concertó una entrevista entre los jefes de las tropas enemigas, haciendo saber a Price el general Trías la existencia de los Tratados de Paz; pero como dicho jefe expresó no tener conocimiento oficial del acto a las 8 de la mañana del día 16, después de haber sido reforzadas las tropas de Trías con un auxilio de 300 hombres, se inició la batalla. En las primeras cuatro horas los invasores fueron rechazados, abandonando algunas piezas de artillería y un carro de municiones; mas dispuesto un nuevo ataque, después de reñida lucha que se prolongó todo el día, fue vencida la defensa cayendo prisionera toda la guarnición de la plaza. El jefe vencedor, con hidalguía, dejó libres a los oficiales bajo su palabra de honor, deteniendo únicamente a Trías, al coronel Justiniani y al ayudante Horcasitas; terminando en ésta forma el inútil combate provocado por segunda vez por las fuerzas de nuestro país vecino".

"A pesar de lo anterior, para el caso de la continuación de la guerra, la situación de Price en el Estado se estimó insegura, pensándose en Washington en junta celebrada con su gabinete y por el presidente Polk de los Estados Unidos, el 16 de mayo, se estableció la necesidad del repliegue de sus tropas hacia el norte, posiblemente hacia la ciudad de El Passo".

El choque empero entre conservadores y liberales se dio antes, durante y después de la guerra con los Estados Unidos, por lo cual el Estado de Chihuahua fue uno de los más afectados en esta época negra en su historia, pues además de la pérdida territorial, el 14 de septiembre de 1849 hace su aparición en la capital del Estado la famosa epidemia del "cólera morbus" causando de inmediato incontables muertes y provocando el pánico en El Passo del Norte, el cual, para evitar que se cundiera la enfermedad en esta última población, hubo de tomar drásticas medidas, las cuales efectivamente previnieron la llegada del mal a la frontera, lo cual por otra parte afectó muy seriamente al comercio con el sur, mismo que se llevaba a cabo mediante las célebres caravanas de "diligencias" mismas que siempre eran fuertemente escoltadas para detener el ataque apache. Durante el año del "cólera morbus" El Passo del Norte quedó aislado varios meses de la ciudad de Chihuahua, debiendo subsistir con sus propios recursos y gracias al comercio con Nuevo México.

A las desgracias anteriores se sumaron otras dos: la sequía y las agresiones apaches. Muy afortunadamente llega al gobierno estatal un hombre que supo estar a la altura de las circunstancias: el licenciado Juan N. Urquidi quien por lo pronto dada la urgencia de la terrible situación económica, obtiene de José Cordero un empréstito de veinticuatro mil pesos, garantizado con rentas públicas; y logra elevar el espíritu cívico convirtiéndose en un ejemplar gobernante, pues recorrió las principales poblaciones de la entidad empezando por El Passo del Norte para conocer de viva voz los problemas y buscar su solución.

A las anteriores desgracias nacionales, aún faltaba otra: los conservadores (¿Quiénes otros?) llaman de nueva cuenta al entonces desterrado Antonio López de Santa Anna para iniciar **"la dictadura más absurda y ridícula de nuestro México independiente"**.

El generalizado descontento en todo el país en contra de López de Santa Anna, hizo estallar el 1 de marzo de 1854 el Plan de Ayutla en contra de su dictadura, que tan nefasta había sido para el país, por lo cual cunde como reguero de pólvora por todo el territorio nacional y culmina con el triunfo del insurgente general Juan Álvarez, quien tiene en su haber, el haber convocado al constituyente de Querétaro de 1856.

El más ilustre documento jamás elaborado en este país ha sido la Carta Magna del 5 de febrero de 1857. De manera sumamente afortunada confluyen en ella lo mejor que cuatro grandes países pudieron aportar para beneficio de la humanidad: la Grecia clásica de la antigüedad nos brinda lo mejor de sí misma en una sola palabra: democracia. La Roma de Marco Aurelio nos da junto con el senado ·consulto· la República. La Francia revolucionaria nos aporta el concepto de la soberanía y de la constitución norteamericana parte la idea del federalismo. Del propio México encuéntrase la presencia de Hidalgo ·el primer ser humano que en el hemisferio abolió esa lacra de la humanidad que fue la esclavitud·.

La cegadora luz de la Constitución de 1857 no pudo sino herir las pupilas de la reacción más tenebrosa y retrógrada, por lo cual el alto clero, los conservadores y sus aliados militares precipitan de nuevo al país en el abismo social de la guerra civil y sueñan con abolir la República para retrotraer a México a la monarquía a ultranza...

CAPÍTULO IX

Maximiliano

"Massimiliano, non ti fidare
Torna al castello di Miramare
Que il trono facile di Montezuma
E un capo galico di spuma
Del Timeo Danaos ti ricorda
Soto il púrpura si trova la corda"

(Maximiliano no te fíes
Regresa a tu castillo de Miramar
Que el trono fácil de Moctezuma
Es una copa de veneno
Como el regalo Griego
Bajo la imperial púrpura
Se halla la cuerda del ahorcado)

Esta lúgubre advertencia se la hace llegar al futuro emperador antes de embarcarse al nuevo continente y si bien se hizo caso omiso de la misma, a la larga salió profética.

Aún cuando ya la monarquía entraba en Europa a mediados del siglo XIX en plena declinación, Maximiliano quiso creer que el pueblo mexicano efectivamente le llamaba, cuando en realidad, ni siquiera tenía la más remota idea de su existencia.

Aún así aceptó el llamado del grupo conservador que buscaba en él una antítesis que exterminara a Benito Juárez, ya que para ello vendría apoyado por el ejército francés uno, sino es que el mejor del mundo.

La primera decepción fue al pisar Veracruz, donde se esperaba una entusiasta recepción, la cual simplemente no se produjo. Al arribar a la ciudad de México, el grupo de "notables" le rindió pleitesía y la prensa capitalina se desbordó en todo género de elogios para la pareja imperial.

Relata la anécdota que de inmediato, el alto clero mexicano solicita una entrevista con el emperador en la cual se le explica:

- Su alteza, pulula por el país un engendro de Satanás, es decir, la Constitución de 1857, misma que por ser un engendro del mal y además atea, jacobina, laicista y enemiga de la fe; nuestra sagrada religión católica, cree que debe ser quemada con leña verde, o sea inmediatamente abrogada, para así volver al verdadero camino de Jesús.
- Por otra parte, es justo y necesario que los bienes que tan injustamente le fueron arrebatados a la santa iglesia, vuelvan a donde corresponden.

Al tomar la palabra Maximiliano responde:
- Como ustedes ven, acabo de llegar aquí, pero les suplico me hagan llegar de inmediato un ejemplar

de la Constitución y a la semana de haberla estudiado a fondo les daré la respuesta adecuada.

Durante los siguientes días estudió concienzuda-mente la Carta Magna mexicana, quedando gratamente sorprendido del gran alcance social de dicho documento.

Llega el momento de la segunda entrevista en la cual ante la insistencia del alto clero sobre la abrogación del documento en disputa, el emperador les manifiesta:
- Le he leído a conciencia y la encuentro verdaderamente estupenda. Sólo requiere cambiar unos detalles, por ejemplo sustituir la palabra "república" por la de "imperio", pero por lo demás la hallo perfecta.
- ¡No está Usted bromeando!, replica desconcer-tado el alto prelado.
- No, por Dios. Jamás he hablado más en serio. Es simplemente un código de derecho que garantiza la libertad de credo.
- Pero su alteza, convengamos que la inmensa mayoría de los mexicanos es católica.
- Y analfabeta también, recalca el emperador.

Siguió a continuación una áspera discusión sobre los derechos de la santa madre iglesia, quedando al final de la misma convencidos los altos prelados que Maximiliano era tan liberal como el propio Juárez, por lo cual se retiraron profundamente decepcionados de él.

De esta forma queda mal el príncipe austriaco con tirios y troyanos. Con los conservadores porque éstos nunca se imaginaron a un hombre de tan amplio criterio e incluso con avanzadas ideas sociales; y desde luego con los liberales porque jamás podrían aceptar la abolición de la República para retrotraer al país a la odiosa dinastía monárquica que durante tres siglos sojuzgó al país.

Pero además fue una corte de opereta toda vez que nuestras mestizas de alta sociedad no se hallaban ciertamente preparadas para alternar con una emperatriz con el abolengo de Carlota, aunado a que el refinamiento social no se puede adquirir en un curso intensivo de academia comercial.

El pueblo miserable del México de mediados del siglo XIX no podía ver con demasiado entusiasmo el boato de aquella extraña corte donde la moda era hablar francés. Aún hoy día el turista visitante del museo de Chapultepec recibe una impresionante lección de historia al contemplar simultáneamente la lujosa carroza del emperador y exactamente enfrente de ella la humildísima diligencia de Don Benito.

El imperio de Maximiliano se asemeja a esas figuras de lladró, muy relucientes por fuera y completamente vacías por dentro. Por ello fue que se sostuvo en el trono en tanto el ejército francés con sus bayonetas le guardaba las espaldas, pero una vez que éste se hubo retirado, la monarquía -tan efímera como la de Agustín- se desplomó estrepitosamente.

Pero los conservadores no aprendieron la lección. Simplemente probaron nuevos métodos para escalar y conservar el poder.

CAPÍTULO X

El Apache y el Zapoteca

Bajo la enorme bóveda celeste nocturna de La Pampa chihuahuense, se hallan frente a frente dos indios: uno apache y se llama Manto Negro; el otro es zapoteca y su nombre es Benito Juárez. Ambos se miran recíprocamente estudiándose con curiosidad. El primero es alto y fornido, vistiendo a la usanza de su tribu, el segundo enfundado en severo traje negro. Días antes el Sr. Presidente de la República urgentemente había mandado a buscar en su domicilio al coronel Joaquín Terrazas para darle instrucciones de que con quince hombres escogidos, de su más absoluta confianza, le sirvieran de escolta en el retorno a El Passo del Norte. En su cuaderno muchos años después escribirá el coronel Terrazas:

"A la media noche, hallándose el Presidente en la Hacienda Sauz, se le presentó Terrazas y recibió de él instrucciones para la marcha al día siguiente temprano..."

Con su enorme ascendiente sobre sus famosos rifleros, veteranos de la guerra apache y liberales por convicción frente al emperador, se reúnen los quince hombres y acampan en un lugar conocido como el Ojo de La Laguna. Don Benito Juárez se caracterizaba por su prudencia y suma modestia, acostumbrado a alejarse

67

del vivac con las manos enlazadas por la espalda, emprendiendo a veces caminatas completamente solo, tratando de poner en orden sus ideas. A intervalos llamaba a Joaquín Terrazas a quien Patoni había recomendado en los más altos términos, ascendiéndole a coronel. Como ya tenía conocimientos de la lucha contra los apaches, con gran interés le pregunta sobre las costumbres y tradiciones, a lo cual le explica Terrazas el interesante caso de Manto Negro, quien pudo fácilmente haberlo asesinado, por hallarse solo y afiebrado en la Sierra Madre y en lugar de ello le curó y junto con su mujer se vinieron a vivir en la civilización y precisamente en esa ocasión estaba a unos cuantos metros en una fogata acuclillado, por cuya razón el Presidente solicita al coronel Terrazas le mande llamar.

La historia ha recogido la dramática escena en los siguientes términos:

- Mira Jari ·díjole Joaquín a modo de presentación· el señor licenciado Don Benito Juárez es el capitán de quien te había hablado.
- Señor, Jari ·habló Manto Negro dirigiéndose al Presidente·. Yo dije a Joaquín que si tú luchas para que todos sean iguales y vivan contentos, yo lucho contigo. Yo llamarme Manto Negro, pero cuando él hablarme de ti, ser Jari Manto Negro.

"Si Jari ·respondió solemnemente el Presidente·. Cuando la nación grande se ve amenazada por enemigos que quieren oprimirla y destruir nuestra libertad, todos los mexicanos, indios y blancos debemos luchar juntos por esa libertad. Tú eres indio apache y hablas la lengua apache, yo soy indio zapoteca, como puedes ver, indio del sur, de un Estado llamado Oaxaca, y el coronel

Joaquín Terrazas es mestizo. Yo nací como tú en la serranía oaxaqueña y mi lengua materna no fue el español, sino el zapoteca. Pero tú apache, él mestizo y yo, zapoteca, somos los tres mexicanos y juntos debemos combatir por la sagrada causa de la libertad y la democracia que significa igualdad de oportunidades para todos. Tú ves, en mí, cómo en una democracia hasta un indio como yo puede ser Gran Capitán".

"Se hizo un solemne silencio apenas taladrado por las tridulaciones de los grillos noctámbulos. El impasible cielo chihuahuense testificó la conjunción ideológica del apache, el zapoteca y el mestizo, fundida la fe en un mejor futuro para la nación grande..."

"Para los tres, seguramente aquella noche, veinticuatro de diciembre de 1865, sería inolvidable".

"A los primeros fulgores del nuevo día ·25 de diciembre· prosiguió la presidencial comitiva por el arroyo del Nido, al Carmen "...del Carmen siguió al Carrizal, a los Charcos de la Felipa, Samalayuca y El Passo del Norte sin contratiempo, a fines de diciembre".

La historia se despide de Manto Negro en los siguientes términos: "...Por otra parte, Jari tenía una patria. La fe de Juárez había convertido al apache en ciudadano mexicano y soldado de la República".

Simultáneamente México habría de contemplar dos escenarios antitéticos: en la capital del imperio de porcelana, Maximiliano empeñado en impresionar a una aristocracia que había aborrecido el tequila a favor del coñac y en los espléndidamente iluminados salones del

Castillo de Chapultepec competían por el honor de recibir una sonrisa del Habsburgo.

Dos mil kilómetros al norte, Juárez llegaba al oasis patriótico de Chihuahua, convertida, conforme al feliz lema de Alberto Terrazas Valdez en "Refugio de la Libertad y Custodia de la República". Desde el momento en que el Benemérito pisó tierra chihuahuense, el entusiasmo popular se desbordó, al grado que el 29 de septiembre de 1864, cuando la patria simbolizada por la negra diligencia pisa Villa Coronado, el ministro José María Iglesias habría de hallar en los norteños "...el odio más profundo a la intervención, la decisión más enérgica por la autonomía del país, la mayor lealtad y respeto al supremo gobierno, y la más arraigada simpatía a la persona del Presidente de la República".

En el Valle de Allende aún subió el entusiasmo auténticamente popular a insospechadas alturas, pues todas las clases sociales, en la medida de sus posibilidades cooperaron para agasajar a quien encarnaba la patria y durante el cual se pronunciaron conmovedores brindis en su honor.

En Hidalgo del Parral no fue menor el delirio popular, soltando las mulas del carruaje para moverlo con los brazos del pueblo, que en esa forma expresaban su absoluta adhesión a la causa republicana.

A las cinco de la tarde del 12 de octubre de 1864, por la antigua alameda de Santa Rita, hace su arribo a la capital del Estado, en la cual se sentirá totalmente apoyado y completamente seguro y así lo habrá de consignar en su propio epistolario.

El día de su 59 cumpleaños, se desayuna Don Benito con la siguiente nota periodística: "el generoso Estado de Chihuahua, que tan pródigo es en testimonios de patriotismo por la santa causa de la independencia nacional, ha preparado en su capital el día de hoy una manifestación de estimación y afecto a la persona del Primer Magistrado de la Nación".

"Habiéndose rehusado y aún prohibido expresamente por el señor Juárez toda demostración oficial, consecuente con sus ideas republicanas, y atendiendo a la situación del erario, la ciudad de Chihuahua de la manera más espontánea, sin otro móvil que la noble caballerosidad de sus hijos, se ha encargado de una de esas solemnidades, fruto del corazón de los pueblos libres, que son la aureola de los buenos demócratas, y la lección y vergüenza de los tiranos".

"Autoridades civiles y militares de la Federación y del Estado, el opulento y el mendigo, el refugiado y el chihuahuense, todos, han acudido a la habitación presidencial llevando sus votos por la felicidad y la prolongación de la existencia del señor Juárez".

Don Benito Juárez

"Las señoras de Chihuahua con esa delicada ternura que es la flor del corazón de la mujer, enviaron al señor Juárez, unidas todas, sus tarjetas encerradas en una concha que descansa en una elegante copa de cristal".

"Se abrió una suscripción voluntaria entre los hijos de la ciudad y en menos de cuatro horas se reunió lo bastante para un banquete que se serviría esta tarde a las seis y al que convida a nombre de la ciudad el gobernador del Estado".

"En los momentos en que entra en prensa nuestro periódico, se ve la ciudad iluminada, los músicos recorren las calles brotando entre sus armonías, las explosiones de vivas entusiastas; y al frente de la casa de Juárez hay un gentío inmenso, acompañando al hombre que hoy personifica la causa nacional, y que lleno de gratitud, renueva sus votos por el honor y la gloria de nuestra patria".

Todas las clases sociales de la ciudad estuvieron representadas en el banquete, al término del cual menudearon los brindis a cual más emotivo en favor de la independencia y su gran líder, mientras el poeta Guillermo Prieto le dedicaba el poema que en su parte final dice:

"Tú, ¡oh Chihuahua!, la fuente de mil huertos,
Que bulles en inmensas soledades,
La gacela dormida en los desiertos,
Liza de bravos, ramo de beldades!
Blanca garza que anima la llanura
Junto a las aguas del alegre río,

A ti, la gratitud y la ternura
En estas horas de dolor impío!!

Dormido está a tus plantas el desierto
Como manso león, linda matrona,
A ti, se llega cual se llega al puerto,
Alegre de tus montes la corona.

Ven, le dijiste a Juárez! Ven y lucha;
Ven, y tu nombre ¡oh Juárez! Eterniza:
Ven, guardaré tu gloria, que yo guardo
De Hidalgo y de los suyos la ceniza!!!

Y cuando su urna el ancho firmamento
Posa sobre las torres elevadas
De la excelsa ciudad, finjo un momento
Matrona al templo que ora al ser divino,
Hincada y con las manos levantadas,
Mirando de sus huestes el camino!!!

Tú, Juárez, sólo a ti digno te creo,
De llevar a tu pecho la cabeza,
De Chihuahua inmortal, y con terneza
Pintarle de los tuyos el deseo,
En su seno renueva tu pujanza,
Y renueva tus votos en tu día
Para que oiga de ti la patria mía:
PUEBLOS DEL ANAHUAC, FE Y ESPERANZA!!!

Chihuahua, 21 de marzo de 1865

Los brindis se sucedieron y no podía faltar el de Don Sebastián Lerdo de Tejada;

"Señores:

Debe felicitarse al Estado de Chihuahua porque tienen sus hijos un hermoso privilegio propio de los más dignos y generosos. Sus sentimientos, siempre grandes, brillan mejor en las épocas de prueba y se elevan más en los tiempos de adversidad".

"Los hijos de Chihuahua, con el corazón de hombres libres, con la inteligencia de ciudadanos ilustrados y con la abnegación de distinguidos patriotas, hacen aún más esforzados su valor, más firmes sus convicciones y mayor su constancia en las horas de peligro para la libertad y para la independencia de la patria".

"Han recibido en su Estado al gobierno de la República en medio de la desgracia, con tan señaladas muestras de consideración que no hubieran podido ser mayores en el tiempo de más grande prosperidad. La capital, las ciudades, los pueblos y los ciudadanos todos de Chihuahua, han rivalizado en sus demostraciones de adhesión, de respeto, de amor al Presidente de la República, demostraciones tanto más gratas para él, cuanto que no han sido una simple ceremonia oficial para la autoridad ni un homenaje al poder fuerte y feliz, sino que son en el infortunio, efusiones del corazón nacidos del amor a la patria y del afecto al Primer Magistrado de ella".

"Poco antes de venir al gobierno de Chihuahua, juzgó necesario modificar temporalmente el régimen de su administración, no desestimando de ninguna manera los servicios de los que estaban encargados de ella, sino sólo por haber creído indispensable declarar al Estado en sitio, atendidas las circunstancias de la guerra y la proximidad del enemigo. Entonces, pasado un momento en que aún no se había conocido bien el espíritu del gobierno, los funcionarios públicos del Estado y todos los ciudadanos adictos a ellos, dieron después en su acatamiento de las órdenes supremas, una relevante prueba de lealtad de sus intenciones. Sus distinguidos servicios anteriores, los que después han seguido prestando y su unión bajo la bandera que sostiene el Gobierno de la República, dan alto testimonio de su constante patriotismo y de sus sentimientos de dignos mexicanos".

"Encontró el gobierno en Chihuahua diversos círculos políticos que se aislaban entre sí y se alejaban de un esfuerzo común, por tener algunos puntos de diferencia en sus opiniones. Todos, sin embargo, se componían de buenos patriotas y bastó la presencia del Gobierno para que, haciendo a un lado sus diferencias, se hallan unido todos en el pensamiento de contribuir a la defensa nacional".

"Lo mismo que de los funcionarios, ha recibido el Gobierno también de los ciudadanos que no desempeñan en la actualidad ningún cargo público, la más voluntaria y eficaz cooperación. Nadie se ha excusado de los servicios que se le pedían y ha sido grande el número de los que se han presentado espontáneamente a ofrecerlos".

"El Gobierno ha podido ver con satisfacción, que no sólo los ciudadanos de Chihuahua sino también los extranjeros que residen en él, laboriosos e ilustrados, cumplen de buena voluntad sus deberes y saben amar al país en que viven".

"Los que hemos venido aquí en esta época, no olvidaremos la memoria de Chihuahua cuando volvamos a los otros Estados de nuestra residencia. Haremos sinceros votos porque el Estado de Chihuahua prospere y se engrandezca, cuanto merece el espíritu elevado de sus hijos y cuanto prometen los magníficos dones de su suelo. La justicia y la gratitud podrán siempre en nuestros labios, que si por los elementos con que la naturaleza dotó al Estado de Chihuahua no es inferior a ningún otro de la República, todavía más, por el corazón, la inteligencia y el patriotismo de sus hijos ha merecido y merece contarse entre los primeros".

"Es cierto que nunca cesan las obligaciones para con la patria, pero también lo es que los ciudadanos de Chihuahua, con abnegación y con entusiasta voluntad, elevan a un alto grado el cumplimiento de sus deberes. Los han cumplido antes y los cumplen ahora, sin desmayar su fe en el triunfo final de la República y sin decaer su ánimo por los triunfos que ha obtenido en otras partes el invasor".

"Los ciudadanos de Chihuahua tuvieron la honra de estar entre los heroicos defensores de Puebla, han seguido después derramando su sangre en otros combates, todavía no hace mucho que en Majoma se distinguieron gloriosamente por su valor y ahora mismo, una división formada con sólo los recursos de Chihuahua y compuesta de sus hijos, va a avanzar al Estado de Durango para combatir de nuevo con el enemigo".

"¡Honor a Chihuahua que no ha omitido sacrificio para defender a la República contra el invasor que pretende dominarla!"

"¡Honor al Estado de Chihuahua que no ha tenido hasta ahora en su seno ningún traidor a la patria y que tendrá siempre la gloria que le dan las virtudes, la ilustración y el ardiente patriotismo de la generalidad de sus hijos!".

"Brindo, señores por el Estado de Chihuahua, libre y soberano entre los Estados de la República Mexicana".

21 de Marzo de 1865

Un atronador aplauso epilogó sus últimas palabras y a petición unánime de los asistentes, se puso de pie el Coloso de Guelatao para hacer uso de la palabra en los siguientes términos:

"Brindo por la independencia nacional".

"Porque al invocar este nombre sagrado todo ceda al sentimiento de la patria".

"Porque la hagamos triunfar o perezcamos. Porque el sentimiento de la independencia sea el vínculo de todos los mexicanos, sin otra exclusión que la de los enemigos de la patria".

"Señores: dar la vida por la independencia es recibir un gran bien, darla cuando se ve un hombre obligado por el ejemplo de tantos mexicanos dignos, apenas sería llenar un deber, sin afectación de modestia, sin que quede en el fondo de mi copa, un sentimiento hipócrita, repito que los hombres somos nada, que los principios son el todo. Que más grande es nuestra causa que todos los tiranos y su poder y sus ejércitos; triunfará en breve y que México renovará el testimonio espléndido que ofreció al mundo en el 16 de septiembre de 1810, mostrándose digno del triunfo de su sagrada autonomía".

"Brindo por la independencia nacional y elevo por ella ese voto, como la única respuesta digna al honor inmenso que debo al pueblo generoso de Chihuahua, dueño de la más íntima gratitud de mi corazón".

21 de Marzo de 1865

Un par de días más tarde, 23 de marzo, en la Señorial Quinta Mac Manus de buen gusto engalanada para el efecto, se sirvió otro opíparo banquete en el cual el brindis corrió a cargo de Don Luis Terrazas, mas, conforme la opinión de un pariente del mismo, se le podrían repetir a él las mismas palabras que un general cartaginés le dijera a Aníbal varios milenios ·después de la batalla de Cannas·: "bien se ve que los dioses no conceden todos los dones a un solo mortal", pues si aquél tuvo talento para los negocios, los dioses se lo negaron para imitar a Cicerón, pues la prensa omitió su publicación al día siguiente. De cualquier forma fue un evento memorable, pues las orquestas amenizaron el ambiente, las cuales en el instante de llegar Juárez electrizaron el salón con el Himno Nacional, el cual hizo derramar emotivas lágrimas a los concurrentes. A la conclusión de los postres vino el baile con valses, rigodones y cuadrillas, todo ello con el mayor ánimo.

Sólo que cuando las últimas sombras del nuevo día eran dispersadas por los primeros fulgores del astro rey, cuando la asistencia volvió a entonar el Himno Nacional de Nunó entre delirantes vivas al Presidente, y a la causa de la República.

Bastantes leguas al sur, en esos mismos momentos Joaquín Terrazas acompañado del valiente y leal Jari, se batía con los soldados de Napoleón III, para, con su proverbial laconismo anotar muchos años después: "...**sorprendió en la hierbabuena una columna de caballería francesa, al escuadrón Valle de México, matando algunos y desbandando a los demás...**"

El ejército francés empero, continúa avanzando hacia el norte y el general francés Agustín Enrique Brincourt desde Parras de la Fuente, Coahuila; se dirige hasta la ciudad de Chihuahua, tomándola el 15 de abril de 1864, teniendo por objetivo la captura o muerte del Benemérito, quien a su vez se retira a El Passo del Norte, donde su población le recibe con el mismo júbilo que en la capital del Estado, dejando constancia él mismo en epístola a Pedro Santacilia expresando textualmente "...**aquí no hay traidores**".

Por segunda ocasión debe Don Benito retirarse a El Passo pues el ejército francés toma la ciudad de Chihuahua y gracias al heroísmo de Don Guadalupe Esquivel quien con su vida salvó la República al avisarle oportunamente al Benemérito, por lo cual éste en diciembre de 1865 vuelve a nuestra frontera.

El júbilo de los habitantes de nuestra ciudad queda registrado por la pluma de Don José María Iglesias:
"A distancia de dos leguas de la población, fue recibido por las autoridades locales, por los vecinos

principales y por una parte del pueblo. A la entrada de la villa le esperaba una música de viento con un numeroso concurso que lo acompañó hasta la casa preparada para su habitación. El pueblo no dejó de vitorearlo en el tránsito y los disparos de las armas, los repiques de las campanas y las salvas de artillería, expresaban el regocijo público. Las casas de la calle principal estaban adornadas con cortinas y banderolas. En el alojamiento destinado para la presidencia hubo una comida a la que asistieron los funcionarios locales y varias personas distinguidas, algunas de las cuales llevaron su amabilidad hasta el punto de servir ellas mismas la mesa. Al siguiente día algunas señora hicieron una visita al Jefe de la Nación, **quien se manifestó agradecido a todas las demostraciones de afecto con que se le recibió"**.

No solamente se le recibió en esta frontera con todo entusiasmo. Tanto de los pueblos vecinos como San Lorenzo, Guadalupe y San Ignacio, aquellos veteranos de la guerra apache con Joaquín Terrazas, llegaron hasta el Presidente a ofrecer sus vidas en la guerra contra la intervención. Sumamente emocionado, Don Benito les tomó la palabra pidiéndoles se organizaran bajo las órdenes del coronel Terrazas y Quezada para librar los combates que pronto ocurrirían.

Efectivamente, Joaquín Terrazas bajo sus órdenes concretas formó un cuerpo, quedando los demás bajo los mandos del coronel Félix Díaz, coronel Platón Sánchez, Juan Mirafuentes, Guillermo Vasqueti, Juan Pérez Castro, Manuel Aspiroz y otros.

De El Passo salió alegre ·con su banda de música· la brigada fronteriza el 3 de marzo de 1866, después de haberle despedido del héroe zapoteca rumbo al sur. Seis días después un magnífico contingente de rifleros de El Carrizal engrosaron las filas del coronel Joaquín Terrazas mientras su primo Luis Terrazas se despedía con estas palabras del Presidente:

"Sus órdenes serán estrictamente cumplidas, señor. Pronto recibirá usted el parte de que Chihuahua ha sido tomada por las fuerzas de mi mando, o de que Terrazas ha muerto, pero saltando sus trincheras y vitoreando a la República".

En el pueblo de Aldama se sumó el 16 del mismo mes otro pequeño pero muy valioso contingente de 21 rancheros enviados de la Hacienda de Santa Sabinas por otro primo de ambos (Joaquín y Luis) Juan Terrazas y Armendáriz, por lo cual la reconcentración de tropas se completó y llegaron en la noche del 24 a las goteras de la ciudad.

A su vez los imperialistas se habían fortalecido con los rifleros de Guerrero comandados por Feliciano Enríquez. Al despuntar el día 25 de marzo se trabó feroz combate y a las once de la noche la ciudad pasa a manos de los republicanos, por cuya razón Luis Terrazas rinde este parte:

"Ciudadano general Ministro de Guerra y Marina de El Passo del Norte":

Ayer a las nueve de la mañana me avisté a esta plaza y poco después el enemigo salió a atacarse en los suburbios. Bizarramente rechazado, dejó en nuestro poder 100 prisioneros y un cañón; tuvo muertos y heridos y gran número de dispersos".

"Enseguida fue tomada la ciudad a viva fuerza y a medio día estaban reducidos los traidores al recinto fortificado. En él fueron batidos duramente la tarde y debían ser en breve asaltados".

"A las 11 de la noche, los principales jefes, oficiales y un corto número de soldados, lograron evadirse en dispersión, abandonándonos más de 200 prisioneros y todo material de guerra".

"Los fugitivos tomaron el camino de San Pablo y espero que sean aprehendidos, para cuyo fin he dado las órdenes convenientes".

"Las pérdidas que nosotros hemos sufrido y que consisten en muertos y heridos solamente, son pocas, si se atiende a la duración del combate, sostenido entre fuerzas iguales en número".

"A reserva de comunicar a usted los pormenores de ésta gloriosa jornada cuando tenga todas las partes, me apresuro a recomendar a la consideración del Supremo Gobierno por su comportamiento a todos los individuos que componen la brigada de operaciones del Estado y a varios jefes sueltos, cuyos servicios han sido de la mayor importancia".

"Sírvase usted dar cuenta al ciudadano Presidente de la República y felicitarlo por el triunfo de las armas nacionales".

"Independencia y libertad!. Chihuahua a 26 de marzo de 1866".

"Luis Terrazas"

Fue en efecto la toma de Chihuahua el "turning point" de la intervención francesa. Los huestes de Napoleón III se habían retirado y la corte de Maximiliano se desploma como un castillo de naipes.

Modesto en grado extremo, sin la vanidad de la sencillez, lacónico, el coronel Joaquín Terrazas a su vez nos da su versión de aquel 25 de marzo de 1866:

"Teniendo noticias en El Passo de que los franceses habían salido de Chihuahua con dirección al sur de la misma ciudad, dejando la plaza guarnecida con traidores al mando de Juan Ramírez, y a un Carranco de Durango como jefe político, a mediados de febrero dio instrucciones a Terrazas el gobernador, para que marchara a levantar el espíritu patriótico de los pueblos, convocándolos para combatir a los invasores y a sus aliados los traidores. En el pueblo de El Carrizal en tres o cuatros días, se alistaron 100 vecinos nombrando ellos mismos su comandante y oficiales, y quedando preparados para cuando los llamara. Dio aviso al gobernador del resultado en El Carrizal y siguió cerca de Chihuahua, donde se informó del estado de la fuerza traidora que guarnecía la plaza y pueblos que reconocían al imperio por autoridades, nombradas por Carranco. Sin embargo, a sabiendas de que en el pueblo de San Andrés, había autoridades imperialistas, se dirigió a dicho pueblo y ya inmediato a él, en la orilla de la Sierra se encontró con varios vecinos del mismo que antes habían hecho con él la campaña a los bárbaros".

Pronto les declaró su objeto y los mismos vecinos siguieron al pueblo a preparar a otros para señalar el lugar en donde combinar el llamamiento. Impuesto el lugar de la reunión a media noche estuvo en el punto convenido, donde ya estaban varios vecinos influyentes del vecindario y quedó acordado el punto de reunión en uno de la Sierra inmediata al pueblo, a donde fue al amanecer. Al día siguiente se le reunieron 30 vecinos y con ellos mismos se dirigió a otros pueblos de Victoria, sin tocar al de Santa Isabel por ser conocidos por traidores sus habitantes en la generalidad. Pocos días después, contó con más de 100 hombres armados y se situó en un cañón cerca del Rincón de Chuviscar, a donde se le incorporaron otros hasta más de 200, aún cuando algunos mal armados y sin municiones. De todo procuró dar conocimiento al gobernador hasta El Carrizal, en donde lo encontraron los primeros correos; pocos días después recibió orden de marchar para Aldama con la fuerza que tuviera reunida. Se puso en marcha y el 23 de marzo se incorporó en Aldama con más de 200 hombres.

"El gobernador se hallaba en Aldama con cosa de 550 hombres entre los que figuraba el Batallón Supremos Poderes teniendo varios cañones. El 24 antes del medio día marchó la columna y acampó en el Rancho de en medio. A la media noche, se movió dejando la Hacienda de Tabaloapa a la derecha, por entre el mezquital y al amanecer el 25 llegó a Rancho de Ávalos, estando Terrazas desde antes del amanecer posesionado de los puentecitos que dan vista a Chihuahua, adelante del Cerro Grande con 100 infantes de San Andrés. En Ávalos, se incorporaron vecinos de

San Pablo, Rosales y la banda de música del segundo de los mencionados pueblos".

"Poco después marchó la columna ya subdividida y la artillería lista para sus fuegos. Como a las ocho comenzaron las escaramuzas con la caballería de traidores que salió por la Despedida, la que fue arrollada. Siguió la columna avanzando por la Alameda en línea y la infantería de traidores con tres piezas, se presentó dando frente y apoyando su derecha cerca del Jordán y su izquierda en la Despedida, rompiendo sus fuegos de cañón y fusil, así como 100 de los traidores de Guerrero cubiertos en el Jordán. La artillería del gobierno rompió sus fuegos sobre la de los traidores y su infantería; parte de la infantería del gobierno, se movió por los arcos del acueducto a la derecha del templo de Santa Rita, otra quedó sosteniendo la artillería, otra sobre la Plaza de Toros y parte de Supremos Poderes por el Camposanto de la Regla. Pronto huyó para sus trincheras la infantería de traidores, dejando una pieza y prisioneros los 100 traidores de Guerrero que estaban en el Jordán. Las fuerzas del gobierno penetraron hasta la plaza principal. Aún cuando en el templo o parroquia tiroteaban algunos traidores que ocupaban los campanarios, pronto se rindieron debido a los cañonazos que les dirigió Platón Sánchez desde El Porvenir, al fuego de unas partes altas inmediatas al templo y a la actitud amenazadora de varios soldados dirigidos por el general Sóstenes Rocha, entonces coronel, Tomás Borrego y Chato Díaz. Desocupada la torre del templo principal los traidores quedaron reducidos a sus fortificaciones en todas las boca calles del perímetro de las plazuelas del Colegio de San Juan, hoy plaza de Hidalgo y Casa de Moneda, con el palacio que entonces era cuartel de Hidalgo, Hospital de Jesuitas y templo del colegio. El resto del día se pasó horadando casas para ponerse cerca de las fortificaciones de los traidores, tiroteándose con cañón por ambas partes".

"En la tarde hicieron los traidores una salida al río, a desalojar fuerzas del gobierno que se habían posesionado de lo que se nombra Santo Niño, protegidos por sus fuegos de cañón; pero fueron rechazados".

"Como a las 10 de la noche ya estaba puesta una trinchera en la calle que hoy sale al frente del Palacio de Gobierno, con dos piezas de batalla y tropa preparada para asaltar la fortificación traidora a pocos metros de distancia, así como las demás fuerzas listas para ejecutar el asalto simultáneamente".

"Cuando se supo que los jefes traidores habían abandonado el puesto que defendieron durante el día el Batallón Supremos Poderes formó frente a la puerta principal del cuartel de Hidalgo y varios jefes y tropas entraron al interior de dicho cuartel a desarmar cerca de 300 infantes traidores, los que quedaron en una cuadra con guardia".

"Todos los puntos o cuarteles en que estuvieron los traidores y que estaban dentro de sus fortificaciones, fueron cubiertos con guardias de las fuerzas del gobierno".

"Dichos puntos eran: el Cuartel de Hidalgo, Hospital y Templo de Jesuitas, los tres una sola muralla, casas de

San Juan, plazuela de por medio y otra casa, conocida hoy como Hospital Civil, la tercera, el instituto y casas que forman cuadra en la plaza que hoy es de Hidalgo. En las trincheras, quedaron las piezas de artillería y en los corrales del Cuartel de Hidalgo y casas de San Juan, la caballada y mulada. Hasta aquí va tomada la plaza de Chihuahua el 25 de marzo de 1866".

Siglos antes, en la época de Don Antonio de Otermín, El Passo del Norte se había constituido en capital del Nuevo México, durante un lapso de 13 años; en 1866 los habitantes de esta frontera, a pesar de la dramática situación del país, se sentían doblemente orgullosos de ser la capital de la República y de saludar cotidianamente y con euforia al señor Presidente a quien a diario se le extendían espontáneas invitaciones de las diversas familias de la frontera, ya para comer, ya para merendar.

En aquellos momentos de adversidad, en que todo parecía perdido, la fe profunda e inquebrantable de Juárez, galvanizó el espíritu no sólo de los habitantes de El Passo del Norte y del Estado de Chihuahua, sino de todo el México republicano.

Evidentemente, Don Benito no llegó solo, sino acompañado de todo su gabinete, es decir el general Luis Terrazas, gobernador del estado, Sebastián Lerdo de Tejada, José María Iglesias, Mariano Díaz y diversos funcionarios como Blas Balcarcel, Ramón Cuellar, Juan Valdez, Manuel Molina, Manuel Sánchez Posada, Joaquín Ordaz, Manuel Goyta, Pedro Contreras, Eleazar Lozoya, Adrián Bustos, Francisco Bustos, Eduardo Delhumeau, Manuel Molina, Manuel Mayor y Luis García.

Debe mencionarse que los habitantes de El Passo del Norte, con esa nobleza y generosidad que siempre los ha caracterizado, así como siglos antes acogió a los supervivientes de Santa Fe, ahora hospedó en sus casas a todos ellos en quienes estaban depositadas las esencias de la patria.

Extremo júbilo causó en El Passo del Norte la noticia del triunfo de las armas republicanas en la toma de Chihuahua. Directamente le tocaron atender personalmente a Don Benito, tanto Don José María Uranga en su doble carácter de comandante militar del Cantón Bravos, como jefe político, así como a Don Rafael Velarde exdiputado y nuevo jefe político. Ambos no sólo atendieron opíparamente al Presidente, sino incluso en varias ocasiones le financiaron sus gastos personales.

De la más estricta justicia es mencionar que en la población vecina de Franklin (hoy El Paso, Texas) igualmente subyugada por la sencillez del primer mandatario legítimo de la República, le envió numerosos y significativos obsequios, tanto para él como para su gabinete. Es más, el propio general James H. Carlston, a la sazón de jefe militar del Nuevo México le ofrece la más amplia hospitalidad en la emergencia de que los franceses tomaron El Passo del Norte.

Don Benito replica que agradece el ofrecimiento, mas no considera se llegue a semejante situación. En esos precisos momentos, se hallaba presente Don Rafael Velarde a quien le hace este comentario:
"Prefiero morir defendiendo la República y la libertad de mi patria antes de abandonarla".

La enorme tensión por saber el resultado del combate de Chihuahua fue sucedida por el más exaltado entusiasmo de parte de todos los habitantes de esta frontera ·republicanos de corazón· pues además vecinos de toda esta comarca lucharon al lado de Joaquín Terrazas contra los conservadores que guarnecían aquella plaza.

Aún así, el Presidente permaneció varios meses más, antes de abandonar, esta vez definitivamente nuestra frontera, no sin asistir a un banquete ofrecido por los oficiales del ejército norteamericano. El día 13 de noviembre emprende pues la marcha alejándose del río grande.

En medio de un enorme entusiasmo popular fue recibido entre repiques de campanas y salvas de fusilería, Don Benito el 26 de noviembre en la ciudad de Chihuahua, acompañado del gobernador del Estado. No podía faltar el consabido banquete en el cual se produjeron los brindis por parte de Don Luis Terrazas, Licenciado Laureano Muñoz, Don Blas Balcarcel, Don Rodrigo García, Don Berardo Revilla, Don Manuel Armendáriz, Don Juan de D. Burgos y Don Francisco Arellano.

El distinguido historiador Enrique González Flores resume ésta gloriosa página con las siguientes palabras:
"El patriotismo regional había escrito una de las páginas más trascendentales de la vida de México, sin pedir nada al caudillo en la apoteosis de su triunfo".

CAPÍTULO XI

La Paz

Al embarcarse el último soldado francés hacia Europa, avanzan las fuerzas republicanas hacia la capital. Maximiliano comprende que todo está perdido y para dirigirse a Miramar llega a Veracruz; pero he ahí que nunca falta un tonto para opinar sin que se lo pregunten y en esta ocasión aparece quien le aconseja al archiduque que se abstenga de abdicar y... se dirige a Querétaro para ser fusilado.

Un biógrafo del emperador relata que estando el emperador ya en capilla oyó sollozar a su compañero de celda el general Miramón y le pregunta qué le sucede a lo cual éste le dice:
"Me angustia pensar que me encuentro en esta triste situación por no haberle hecho caso a mi mujer"

A lo cual replica el emperador: "ce la vie, mon cher amí, yo estoy aquí por hacerle caso a la mía".

Horas más tarde la lúgubre profecía se había cumplido.

Don Benito, antes de despedirse de sus amigos chihuahuenses, buriló para la posteridad una célebre frase:

"El día que se cumplan mis compromisos con la patria a honra tendría venir a ocupar el último sitial del honorable Cabildo de la Ciudad de Chihuahua".

Existe aún la copiosa correspondencia del Presidente y sus amigos de Chihuahua, muy especialmente con Don Luis Terrazas. A Don Joaquín tampoco lo olvida y el 28 de diciembre de 1871 le cursa esta epístola, cuyo original se halla en poder del autor:

México, 28 de diciembre de 1867.
Sr. Coronel Joaquín Terrazas

Estimado amigo:
El día primero del presente mes tomé posesión de nuevo de la Presidencia de la República, previa protesta de ley del Congreso de la Unión. Con ese carácter le expreso una vez más la gratitud de la República por sus buenos servicios y a la vez tengo el gusto de ofrecerme una vez más a sus órdenes en este cargo.

Me despido como siempre de usted afectísimo amigo y atento y seguro servidor q.b.s.m.

Benito Juárez

Grata sorpresa fue para Joaquín Terrazas recibir la anterior carta, a la cual hondamente emocionado al saber que no lo olvidaba el Presidente, respondió con la siguiente:
Chihuahua, 29 de enero de 1868

Sr. Presidente de la República,
Don Benito Juárez
México.

Señor de mi respeto:
Grande es mi satisfacción al haber recibido su muy respetable de 28 de diciembre último en que se digna decirme que con el carácter de Presidente de la República de que se recibió el 25 del mismo mes, está a mi disposición.

Yo señor me congratulo el que haya usted sido reelegido, porque creo que, a más de que el pueblo mexicano prueba que estima a los hombres dignos, sabe honrarlos con su confianza y más cuando tenemos la fe de que hará cuanto le sea posible por el bien del país; así es que por mi parte le estoy sumamente agradecido por la nueva prueba de aprecio que hace de mi humilde persona y le puedo asegurar que siempre procuraré contribuir con cuanto pueda para su sostenimiento.

Deseo señor, que la providencia proteja su administración y que siempre los mexicanos recompensen con gratitud a quien se sacrifica por su bien, estando usted seguro de la que le debe el más inútil de sus subordinados que quiere que sea usted muy feliz y s.m.b.

Joaquín Terrazas".

Una vez consolidado en el poder, Don Benito envió dos remesas de dinero, la primera a Don José María Uranga, por la cantidad de dos mil ochocientos pesos y la segunda a Don Carlos Velarde por 4,775.50 pesos,

93

cantidades que ambos le habían facilitado en las horas angustiosas de la patria peregrina.

Triunfante la República, El Passo del Norte empezó a disfrutar de una era de paz e indudable progreso: una serie de felices inventos aparecen tanto en Europa como en América para hacer más amable la vida cotidiana.

El automóvil, la telegrafía, la fotografía, la máquina de coser, el maquinismo de vapor, la nitroglicerina, el uso práctico de la pila eléctrica inventada por Volta y el linotipo son apenas algunos de lo que vino a contribuir al progreso de El Passo del Norte.

Curiosamente, a los más acuciosos historiadores se les han pasado por alto cuatro extraordinariamente valiosos inventos que eclosionan la segunda mitad del siglo XIX para dar la actual fisonomía al mundo en que vivimos hoy:

a) El papel-moneda
b) El cheque
c) La sociedad anónima y
d) El seguro

En El Passo del Norte la difusión del papel moneda permitió el auge del comercio internacional entre Estados Unidos y México en forma inusitada.

Es sin duda alguna uno de los más maravillosos inventos en la historia del hombre, el cheque, ya que en un pedacito de papel con mínimo espacio y peso puede el hombre portar una fortuna ·y lo mejor· adquirir todo lo imaginable.

Por su parte la sociedad anónima se constituye en uno de los más grandiosos ingenios del ser humano pues las portentosas hazañas de la segunda mitad del siglo XIX ·y del siglo XX· como el canal de Suez, aerolíneas, flotas mercantes, etc. jamás hubiese sido posible sin ella.

Por último la estupenda institución del seguro formando una perfecta simbiosis con la sociedad anónima, permitió al capitalismo imponerse a un socialismo soviético anquilosado, atascado en su paupérrimo comercio, mientras éste hacía prosperar a todas las naciones que lo practicaron revolucionando incluso las tradicionales teorías económicas.

Todo lo anteriormente reseñado confluyó para que por decreto de julio 30 de 1888 la antigua villa de El Passo del Norte fuese elevada a la nominación de Ciudad.

Tanto fue el entusiasmo de los habitantes de El Passo del Norte por Don Benito que en el año de 1867 es electo diputado federal por el Distrito Electoral de Villa Passo del Norte, eligiéndose como su suplente al popular médico Don Mariano Samaniego, previniendo la remota posibilidad de que hubiese salido derrotado para el cargo de Presidente.

Una fecha verdaderamente trascendental para El Passo del Norte fue el 15 de septiembre de 1882 en que se inauguró el ferrocarril central de México, que se enlazaría con las vías norteamericanas que por una parte llegarían a Nueva York, por otra a Santa Fe y por el oeste llegarían a San Francisco.

Es precisamente a partir de este día que sobreviene un enorme resurgimiento económico a través de la ganadería, la industria forestal, la minería y la agricultura; pues por vez primera todos estos productos pudieron ser exportados con fluidez y a bajo costo, independientemente que cientos de miles de seres humanos pudieron desplazarse rápida y seguramente desde la ciudad de México hasta Chicago. Con el ferrocarril vino el telégrafo para enriquecer tanto las comunicaciones como al propio comercio.

Consecuencia natural del auge comercial que trajo esa bendición denominada ferrocarril fue que en 1889, bajo la Jefatura de Don Dámaso Sánchez se construye el edificio de la Aduana Fronteriza, ubicada en la acera sur oriente de las calles 16 de Septiembre y Avenida Juárez, siendo inaugurado el 10 de septiembre por el gobernador del Estado, coronel Lauro Carrillo.

Este mismo año se abrió también a la circulación el sistema de tranvías ·originalmente tirado por mulas· y Don Esperidión Provencio inaugura el Teatro de Juárez, de su propiedad.

El ferrocarril propició un auge comercial desde sus inicios hasta la fecha. Las mercancías que desde el oriente se embarcaban hacia Acapulco llegaban a la capital de la República para desde ahí ser embarcadas en el ferrocarril central con destino a los Estados Unidos a través de nuestra frontera, misma que el día 15 de septiembre de 1888, siendo Jefe político Don Mauro Candamo, adquiere el nombre de Ciudad Juárez, quedando El Passo del Norte reservado para la vecina población al norte del río, que para entonces se llamaba Franklin.

El día 10 de septiembre de 1889 nuestra población amaneció de fiesta: con bombo y platillo, en forma por demás solemne se inaugura ·siguiendo la predominante influencia francesa la gema arquitectónica· hoy museo de la Aduana Fronteriza. Por supuesto, hubo banquete en el cual no podían faltar las loas al "héroe del 2 de abril" Don Porfirio Díaz, a la sazón Presidente de una República próspera y optimista que se encaminaba confiadamente hacia su porvenir ahora si como se decía en aquella época del romanticismo "para cerrar con broche de oro el siglo XIX" · como efectivamente sucedió·.

CAPÍTULO XII

El Aduar Apache

Envuelta entre las nebulosidades del siglo XIII, la hipótesis contempla a un pueblo acosado en la estepa mongólica por diversos pueblos enemigos que les obligan, como única alternativa de supervivencia, a emprender la larguísima peregrinación hacia el este, por donde nace el sol. De esta forma se alejan de Altan Bulak, para atravesar en dilatadas jornadas Skovorodino, Magadan y Anadyir para llegar a través del estrecho de Bering a Alaska, de la cual pasando por Canadá, alcanzan las estepas de Arizona, Nuevo México y Chihuahua.

De la ancestral tradición en el más puro sentido conservaron la "yurta", la carpa de piel de cíbolo desmontable, exactamente igual que los contemporáneos de Gengis Kan hacían hace siglos, prefiriendo siempre la caza a la agricultura, pues si bien por una parte el nuevo continente representaba un edén para la caza por las infinitas manadas de alces, venados, osos, bisontes castores, nutrias y guajolotes; por la otra también hubieron de enfrentar a grupos hostiles, con los cuales hubieron de combatir durante los siglos que precedieron a la llegada del hombre blanco.

Desde siempre se caracterizaron los apaches por amar sobre todas las cosas la más absoluta libertad. No levantaron grandes civilizaciones, pero mucho menos se sometieron a la más leve sombra de dominio.

La aparición del europeo en el nuevo continente, el anglosajón por el norte y el hispano por el sur, constituyó una problemática fatal. El encuentro violento fue inexorable.

Aún los misioneros predicando el amor a Jesús fracasaron rotundamente en su intento por incorporarlos a la civilización. No deja de ser sumamente revelador el retrato que desde el año de 1740 el padre Miguel Xavier Almanza, rector de las misiones de la Compañía de Jesús en Sonora nos transmite:

"Son los apaches que hostilizan estas tierras, ferocísimos de condición, de naturaleza sangrientos, de habitación bárbaros, de genio indomable; es una gran chusma de ladrones que viven como fieras en los campos, en los riscos, en los peñascos; tan pertinaces en la guerra que jamás sueltan de sus manos las armas, tan alertados que parándose venden su vida a costa de muchas muertes, tan recios de complexión que ni el frío, ni las nubes, ni los ardores del sol los rinden; tan indomables que ni el cariño ni los favores los domestican, ni los castigos, ni las muertes los reducen. Andan en tropas como montaraces, trajinan todos los caminos en donde su fiereza no perdona ni sexo ni edad. Viven de robos y se mantienen de latrocinios. Tienen estrechada y acordonada esta provincia con un continuo asedio, de suerte, que por todos lados hay peligros, sustos y muertes; no hay camino, puesto, entrada, ni vereda que no tengan ocupada estos indomables enemigos, en donde a sus manos perecen sin piedad, con atroces muertes los comerciantes, caminantes e indios mansos, cuyas cabelleras llevan a bailar como triunfo de sus sangrientos trofeos. No oímos otra cosa que lamentos y lágrimas de afligidos. Sus entradas y avances a estos pueblos son todas las lunas, en varias tropas y por varias partes; de suerte que antes de experimentar el golpe de su crueldad, que se siente en el golpe de su ejecución, tienen ya aniquiladas las estancias de ganados. Las reales haciendas y casas se han despoblado retirándose sus moradores al centro de la provincia, por juzgarse más seguros y hasta allí los alcanza el golpe, porque en ninguna parte hay seguridad. Las tropas se aumentan, los atrevimientos crecen, las hostilidades se lloran y no se remedian, los daños se sienten y no se reparan, la libertad de entrar en la tierra no tiene obstáculo, el cuerpo que van tomando que no se ha podido resistir y quiera Dios que no se llegue a cancelar el desengaño con más lamentables sucesos...".

A su vez El Passo del Norte durante siglos fue, como escribió Sevillano "**un oasis rodeado por los aduares apaches**...".

Casi un siglo más tarde, la situación permanecía igual, sin esperanza de aliviarse, pues en 1833 la Administración Pública del Estado de Chihuahua se manifestaba en similares términos al padre Almanza.

Debe mencionarse que apaches y comanches muy esporádicamente hicieron tratados de paz. El día 13 de diciembre de 1822, el emperador Agustín I concretó el que por su extraordinario valor histórico, más que jurídico reproduzco:

Tratado Entre el Imperio Mexicano y la Nación Comanche

Plenipotenciarios: por el gobierno imperial, el Excmo. Sr. Don Francisco Azcárate, Caballero de Número de la Orden de Guadalupe, vocal que fue de la Junta Suprema Gubernativa del Imperio, Consejero de Estado Honorario de S.M.I., su enviado extraordinario a la Corte de Londres.

Por la Nación Comanche, el Capitán Guonique.

Artículo 1. Habrá paz y amistad perpetua entre ambas naciones, cesan las hostilidades de todas clases y se olvida lo ocurrido durante el gobierno español.

Artículo 2. Se restituyen mutuamente los prisioneros, menos los que de su voluntad quieran quedarse en la nación en que se hallan; a los padres, madres y parientes que reclaman algunos, avisando al enviado de la Nación Comanche que ha de residir en Béjar, se les entregarán si existieren.

Artículo 3. La nación Comanche, en toda la extensión de su territorio defenderá la frontera de las provincias de Texas, Coahuila, Nuevo Reino de León y Nuevo Santander de las invasiones de las naciones bárbaras, avisando oportunamente luego que sepa que tratan de hacer hostilidades.

Artículo 4. No permitirá que nación alguna penetre por su territorio al de la mexicana, la resistirá con las armas y dará aviso al emperador.

Artículo 5. Resistirá igualmente que la España, bien por sí sola o auxiliada de otras naciones de Europa o que alguna de éstas lo intenten; y avisará para que uniéndoseles las tropas del imperio obren de acuerdo.

Artículo 6. Si por el territorio de la mexicana, la nación española por sí o auxiliada de europeas o que éstas hicieren algún desembarco, ocurrirá la Comanche con todas sus fuerzas al punto que se le señale, dándole menciones de guerra y reforzándola con todas las tropas del imperio para impedir que se apoderen de un palmo de tierra.

Artículo 7. Avisará al emperador de las gentes que entren por su territorio a explorarlo.

Artículo 8. Hará la Comanche el comercio en Béjar únicamente, viniendo sus comerciantes por caminos públicos y bajo la dirección de un jefe responsable a los daños que hagan y con pasaporte del Emperador que será la medalla acordada; los mexicanos lo harán del mismo modo cuando entren al país Comanche.

Artículo 9. Los artículos de comercio por parte de los mexicanos son todo género de seda, lana, algodón, víveres, quinquillería, colambre, instrumentos de artes, toda clase de obra de mano, caballos, mulas, toros, carneros y chivos; que permutarán como convengan por los particulares pactos que celebren, por carecer los Comanches de moneda.

Artículo 10. Estos lo harán con pieles de cíbolo, vaca, venado, oso, castor, nutria, marta, tigre, cueros curtidos, manteca, sebo, unto, carne seca, lenguas de cíbolo, fruta, víveres y demás producciones naturales de su terreno. La introducción y saca serán libres de todo derecho por ahora.

Artículo 11. Conserva la nación mexicana la integridad de su territorio, según la línea convenida en el último tratado con los Estados Unidos y en lo adelante se convendrá con la Comanche en señalarle los términos del que deba ocupar.

Artículo 12. Tendrá la Comanche en Béjar un enviado con un intérprete nombrados y .dotados por el Emperador; el enviado se entenderá directamente con el Excmo. Sr. Secretario de Estado, Ministro de Relaciones Interiores y Exteriores; y en lo ejecutivo que no admita espera, dispondrá el Gobernador lo conveniente, dando cuenta ambos separadamente a S.M.I.

Artículo 13. La nación Comanche para correr mesteños por medio de su enviado, dará parte al Gobernador de Béjar para que señale personas de confianza que los acompañen; y las bestias herradas que cojan, las devolverán por la pensión acostumbrada.

Artículo 14. El emperador Agustín I, ofrece a la nación Comanche recibir cada cuatro años doce jóvenes para que se eduquen en esta Corte por cuenta del imperio en las ciencias y artes a que más se apliquen y devolverlos, cuando estén instruidos para que la nación de esta suerte se civilice y eduque.

Se firmó el tratado el día 13 de diciembre de 1822 y se ratificó por S.M.I. el día 14 del mismo año y mes.

La guerra apache se prolonga alrededor de un cuarto de milenio, quedando siempre El Passo del Norte en "el ojo del huracán", es decir, en medio del aduar movedizo del bárbaro.

A lo largo de varios siglos las referencias a la apachería son constantes y copiosas.

Un anónimo cronista bien de finales del siglo XVIII o principios del XIX nos lega un vívido retrato de la vida cotidiana en El Passo del Norte de esa época y la cual para solaz de los habitantes del siglo XX y del XXI –mas los que sucedan– en los términos siguientes:

El Viaje

He venido desde la ciudad de Chihuahua hasta El Passo del Norte, en una conducta de carros. El viaje ha sido incómodo, pero interesante. Los carros, encamisados con gruesas lonas vienen cargados con mercancías: azúcar, café, chocolate, telas, armas para los hombres y chucherías para las señoras. Cada carro tiene tres troncos de mulas. Se camina lentamente por las grandes llanuras, a la caída del sol se acampa. Al frente de la caravana caminan las escoltas montadas en buenos caballos. A la retaguardia vienen otros hombres armados. Hay que avanzar con mil precauciones porque los montes y las llanuras están **infestados de apaches** que caen sobre las conductas como manadas de tigres feroces. Estos hombres de El Passo del Norte están muy acostumbrados a pelear con los indios, pero yo creía ver asomar la cabeza de un bárbaro detrás de cada nopalera. Descansé cuando distinguí, desde las lomas peladas por donde caminábamos, la línea verde de los álamos del río grande.

Hay cosas que nunca podré olvidar: los gritos de los coyotes durante la noche, en un principio creí que eran indios que atacaban el campamento; los colores admirables del desierto durante la tarde; y las comidas: los arrieros preparan unos panecillos de harina de trigo a los cuales llaman "gorditas", aderezan frijoles con queso y calientan el "jigote" que es un guiso preparado con carne seca machacada y chile colorado. Se toma café negro y dulce de orejones ·son estas frutas (duraznos, manzanas, peras) cortadas a la mitad· y realmente el nombre es adecuado pues parecen orejas de gente sin bañar.

Llegamos sin novedad. Los indios, a Dios sean dadas las gracias, para nada nos molestaron. Al pasar cerca de unos montes, distinguí allá en el horizonte, unos humitos.
- ¿Qué son? pregunté a un caballerango
- Son los indios que están haciendo señales ·me contestó muy tranquilo· ya puede alistar el rifle, porque el aire huele a apache.

Apronté mis armas y me encomendé a Dios, pero los indios no bajaron, por buena suerte.

Passo del Norte

Tiene este poblado un aspecto alegre y lleno de color. Hay muchas huertas y jardines; las casas son cúbicas, construidas con adobe, enjabegadas de blanco y con las rejas de las ventanas pintadas de verde. Hay muchas rosas y madreselvas. En las huertas hay perales, manzanos, albérchigos y nogales de castilla. Tienen muy buena uva y saben hacer vino y un aguardiente tan bueno como los mejores de España.

La gente es sociable y hospitalaria. Es fácil hacer buenas amistades. Tienen una costumbre muy simpática: cuando alguien celebra su día de santo, tiene que obsequiar a todo el que pase por enfrente de su casa un buen vaso de vino con puchas y marquesotes. Por pascua organizan pastorelas y coloquios. Hacen comedias; pude ver en el patio de una casa, en un tinglado improvisado, una buena representación de una comedia española. En las semanas de las fiestas de la Virgen de Guadalupe hay chuzas y carcamanes en donde se juegan buenas cantidades de dinero. Adornan la plaza con puestos en donde venden empanadas fritas, cañas de azúcar, naranjas, nueces y cacahuates. Son muy dados también a las carreras de caballos y a las peleas de gallos.

La Casona

¡Hay que ver todo esto!. Vivo en una casona de adobe, con paredes de metro y medio de espesor. Tiene más de treinta habitaciones alrededor de un patio empedrado con cantos rodados. En el centro hay una morera en donde duermen las gallinas, un peral de San Juan y el brocal de un pozo. La cocina es enorme, con paredes que parecen de azabaches por lo ahumadas, con su hogar rematado por ancha campana recubierta por el interior con espesos copos de hollín, grandes mesas en donde vienen a comer la peonada, bancos y escabeles de madera abrillantada por el uso, cazuelas de barro y ollones y peroles de cobre.

¡Y mi cuarto!. Una salona, con su hogar correspondiente y su hornilla de fierro negro, las paredes perfectamente encaladas, la alacena donde guardan y están medicinas y botellas de vino y aguardiente; mesa de encino, bancos retallados, sillas frailunas y el techo, por aquí le llaman "la camalta", así en una sola palabra, camota de madera de altísimo testero, con tres colchones de lana que casi pegan en el techo y una cantidad de almohadas y cojines, que le causarían envidia a un turco. Se sube al techo por unos escalones. Sobre la "comodita" repleta de libros viejos dos candeleros de azófar muy bruñidos en los que arden sendos velones de árela. En las paredes un Santocristo de madera, amarillento y ensangrentado; y un cuadro representando a la Virgen del Rosario con la benditera al lado y su ramo de laurel bendito. El resto de los muebles: dos perchas, un palanganero, un sillón de vaqueta y un felpudo.

En el huerto hay enormes perales, álamos, membrillos, duraznos, manzanos y emparrados que proyectan sobre el piso amarillo un bordado de sombras azules. El agua canta en una acequiecita bordeada de tornillo y hierbabuena. Los días y las horas se desgranan insensiblemente en el silencio de la casona.

¡Ave María Purísima!

Mientras la abuelita lía con dedos temblorosos un grueso cigarro de hoja me va contando la historia...
- ¡Ave María purísima! de esto no se debe hablar

La abuelita es el alma de la vieja casona. Mi tío Don Juan vive en las cuadras, encantado con sus caballos. Mi tío Luz, un hombrazo moreno de ojos brillantes y risa de muchacho, terror de los indios, porque a valiente y buen tirador pocos le igualan, pasa los días en las labores y llega por la tarde a robarle a las cocineras los altos de tortillas calientes para dárselas a los perros que lo siguen:
- Tenga amigo, coma, le va diciendo a cada uno de los canes

La abuela regaña y grita espantando a los perros que siguen religiosamente a Don Luz
- ¡Que los voy a matar a palos, perros cochinos!
- Déjelos que coman, ellos también son hijos de Dios

La abuela anda por la casona con un grueso manojo de llaves en la cintura. Cuida, sobre todo la llavota de la despensa. Allí guarda ollas de arrope, miel de uvas, orejones de pera, de manzana, de calabaza, carne seca, embutidos, quesos, guirnaldas de chiles, de ajos, de cebollas y de tiras de calabaza, camuesas de octubre, pipotes de vino y garrafones de azuloso aguardiente.

Ahora, mientras estamos sentados refrescándonos a la sombra de las acacias, me va contando la historia.

· Esta casa fue muy rica. Fue una de las más ricas de El Passo del Norte. Fue construida por "mi papá Agapito". Aquí todos hablan con respeto y con cierto miedo del difunto Don Agapito ·continúa la viejecita·. Don Agapito vino de España muy mozuelo, trabajaba como pastor y llevaba a pastar los ganados a esas sierras que se ven allá. De la noche a la mañana se hizo rico, dicen que encontró un tesoro en la sierra, pero un tesoro muy grande, muy grande. Dicen que eran varios cofres de cedro repletos de piedras preciosas y de oro. Don Agapito tomó esposa y construyó esta casa; él plantó esos perales y esas parras. Le gustaba la buena vida: tomaba todos los días chocolate con puchas en una jícara de plata. Todavía anda por allá en la alacena la taza de plata de mi papá Agapito. Pero como lo que es del agua, al agua, cuando se murió el buen hombre dejó a los suyos en la miseria porque enterró el dinero y nadie ha podido saber donde. En castigo todavía anda como alma en pena. Yo vi una vez "al fantasma" y me desmayé... mi hijo también lo vio una noche y lo siguió, pero se le perdió en la oscuridad del patio. Ya muchos han visto en este caserón el ánima en pena... ¡Ave María purísima! dicen que es malo hablar de estas cosas...

El Buen Dios

El Passo del Norte se me ha pegado en el corazón. Vine buscando la gracia de Dios y creo que la he encontrado. He tomado mujer. Aquí nacerán mis hijos. Aquí descansarán mis huesos. Aquí ...

Inconclusa quedó la crónica del anónimo habitante de El Passo del Norte, quien empezaba ya a despertar en sus lectores simpatía. A lo largo de los siglos es imposible saber el destino de éste novel escritor, quien ingenuamente narra la vida cotidiana de nuestra ciudad y nos lega la conjetura sobre su propio destino: ¿formó una familia y contribuyó a la prosperidad del pueblo? o ¿tuvo por el contrario un trágico destino en manos de los apaches?. La incógnita permanecerá sobre el devenir, pero resalta, con toda su pureza una frase cargada de sinceridad que en miles y miles de seres humanos habrá de repetirse sobre el dorso de las centurias: **El Passo del Norte se me ha pegado en el corazón**.

La guerra apache empero, se recrudece a lo largo de casi todo el siglo XIX y lo más grave es que El Passo del Norte queda precisamente en el ojo del huracán. Primera necesidad se llamó la persecución apache. Incontables fueron las víctimas de los hijos del desierto que destrozaron las caravanas que desde Hidalgo del Parral o San Felipe del Real de Chihuahua se dirigían optimistas hacia El Passo del Norte para perder la vida en el trayecto.

No puede cerrarse este capítulo sin referirse a la llamada gran trilogía táctica: Victorio – Ju – Gerónimo. El primero de los cuales es claramente identificado como quien fue el niño Pedro Cedillo. Abundan las pruebas en este sentido.

La tradición oral de quienes vivieron en las últimas décadas del siglo XIX coinciden en señalar que un niño de nombre Pedro Cedillo, cuya madre se llamaba María vivió en la hacienda de Encinillas de la cual fue secuestrado por una horda apache.

Seguramente la más firme prueba de esta versión es la del administrador de la mencionada hacienda Dionisio Acosta, a quien Victorio en alguna ocasión tuvo en su poder y le dio la libertad ·hecho insólito en el apache·, lo cual confirma la tesis de que Victorio fue recogido de dicha hacienda, como las versiones del siglo XIX coincidían.

De cualquier forma, testimonios tan valiosos como el del mayor Andrés Jackson McGonnigle, del ejército norteamericano, quien había intervenido en la guerra apache en su país bastantes años textualmente se expresa así de Victorio: "**el más grande general indio jamás aparecido en el continente americano**", esto a pesar de que los vecinos del norte, para efectos cinematográficos han enaltecido deliberadamente la figura de Gerónimo.

El Passo del Norte se vio gravemente afectado por las correrías apaches y muy particularmente en los años de 1879 y 1880, por la horda de Victorio quien durante meses tiene en jaque al ejército norteamericano el cual a pesar de contar con un contingente de 3000 soldados se ve impotente para derrotarlo en los feroces combates que libran. Las haciendas y pequeños poblados al sur de nuestra frontera también sufren los estragos del estratega Chiricagua, de los cuales el peor fue la matanza de El Carrizal.

En este pueblo merodea Victorio y se encuentra muy cerca del mismo un rancho donde pastan buenos caballos, decidiendo apropiárselos. Dos vaqueros se percatan de la presencia apache e intentan impedir el robo, pero son inmediatamente acribillados y despojados de sus cabelleras. Cuando la noticia cunde en El Carrizal de inmediato se organiza una partida de una veintena de vecinos propuesta a escarmentar a Victorio. Sin dificultad siguen el rastro y repentinamente se dan cuenta de la gravedad de la situación, han caído en una trampa y en pocos minutos veintiún cadáveres dan testimonio de la masacre. Únicamente dos vaqueros heridos logran romper el cerco y llegar hasta el pueblo. De inmediato se recluta un cuerpo mayor, magníficamente armado y montado el cual va en busca del capitán apache. Este encuentro termina en un nuevo triunfo para Victorio quien cubre completamente de luto al otrora risueño pueblo de El Carrizal.

Hasta la capital de la República llega la noticia de la grave amenaza que para el Estado de Chihuahua y muy particularmente a El Passo del Norte representa la apachería, pues el comercio se ve interrumpido ·tanto hacia el norte como al sur· debido a ella. Así llega a la ciudad de Chihuahua el coronel Adolfo Valle con las precisas instrucciones de combatir a los bárbaros. Muy pronto el gobernador del Estado se dio cuenta de que dicho coronel no sería nunca el rival adecuado para el Chiricagua, por lo que hubo de llamar al coronel Joaquín Terrazas para encomendarle la nada fácil tarea.

Este recurre una vez más a sus fieles rifleros de la sierra y organiza el adecuado contingente teniendo como segundo al experimentado Juan Mata Ortiz. Vienen movimientos tácticos por ambas partes, si no trajera consigo las familias hubiese podido evadir la persecución y aún así se dirige a su destino: Tres

Castillos. Es el 14 de octubre de 1880, el sol empieza a declinar en el oeste. Hay los grupos de apaches y Joaquín Terrazas forman el cerco en el cerro norte.

Todo el cielo se tiñe de rojo –sangre-. Victorio se da cuenta que ha llegado su hora e intenta cuidadosamente, al frente de sus guerreros romper el cerco. A cincuenta pasos los huelleros Tarahumaras se adelantan y Mauricio Corredor hace fuego sobre el gran capitán con su carabina Winchister .44; el balazo pega en pleno pecho del legendario jefe, quien se tambalea, pero es socorrido por sus compañeros y moribundo es llevado a la cumbre del cerro.

El cerco se cierra mientras la última luz del sol se apaga en el poniente. El gran jefe Chiricagua yace sobre un sarape, mientras un curandero inútilmente intenta volverlo a la vida. Muchos años más tarde en sus memorias escribirá Joaquín Terrazas: "...**como a media noche, empezó a oírse el llanto lastimero de los indios sitiados y luego siguió uno de ellos pregonando por más de dos horas**".

Al despuntar la aurora vino el asalto final y en su testimonio nos dice el mencionado coronel: "...**dando por resultado que por entre los combatientes se echaron las indias y los muchachos indicando a señales y con llanto que pedían el perdón de la vida, salvándose los más por esta circunstancia. Los guerreros quedaron muertos, amontonados entre los peñascos, quedando sólo dos de ellos en una cueva bien armados y con sobrado parque metálico, los que entretuvieron más de dos horas para lograr matarlos, porque no quisieron rendirse, a pesar de haberles**

ofrecido el perdón de sus vidas por medio de las indias ya prisioneras..."

Al igual que en las Termópilas estos apaches prefirieron la muerte en el campo de combate antes de perder su libertad.

Antes de medio día se inicia el retorno a la ciudad de Chihuahua, habiéndose previamente identificado el cadáver de Victorio sobre su sarape, siendo todos los muertos de ambas partes sepultados en la falda del cerro.

En Chihuahua se produce un júbilo publicándose la noticia en los siguientes términos:

La Victoria de Tres Castillos

"El golpe terrible que han sufrido los implacables enemigos de la humanidad, con la muerte de Victorio y el exterminio de su horda, ha levantado el ánimo público decaído y espantado, ya por las repetidas y desastrosas depredaciones del tremendo jefe indio, que acaba de morir".

"Inmenso es el regocijo que ha experimentado el Estado entero, por el glorioso y trascendental combate de Tres Castillos".

"Y hay ciertamente motivo para las públicas demostraciones que se han hecho celebrando tan fausto acontecimiento".

"Las personas que habitan en el centro de la República, retiradas de la frontera y seguras de los ataques de estos inexorables y sanguinarios hijos del desierto, juzgarán quizá exageradas las demostraciones de alegría que los chihuahuenses han hecho al saber la muerte de Victorio y la destrucción de su cuadrilla".

"Pero basta recordar los enormes perjuicios y los numerosos asesinatos cometidos por la horda que acaba de sucumbir, para apreciar en todo su valor la importancia del servicio que han hecho al Estado y a la República entera, el señor coronel Joaquín Terrazas y sus intrépidos voluntarios".

"En octubre del último año, dio muerte la horda destructora a más de ciento cincuenta individuos entre americanos y mexicanos. Después en los días 7 y 8 de noviembre de 1979, tuvo lugar la horrorosa hecatombe de la "Candelaria", que cubrió de luto y terror a la población de El Carrizal. Treinta y tres de los principales vecinos de dicho lugar fueron bárbaramente sacrificados por los salvajes y una gran parte de las víctimas perecieron cuando estaban dando sepultura a sus compañeros".

"Después, cuando pudo organizarse una formal campaña contra los salvajes, repasaron éstos la frontera sin perder un solo hombre, llevándose un cuantioso robo y asesinando ocho o diez individuos más, antes de abandonar el Estado. Poco tiempo después se repitió la invasión y los indios llevaron su atrevimiento hasta penetrar casi a las calles de Galeana y acercarse a unas cuantas leguas de esta capital. De nuevo sembraron el terror y la desolación en nuestro territorio; de nuevo dejaron una tremenda huella de sangre, por su tránsito; sus rapiñas fueron más considerables y la alarma llegó a un grado extraordinario en toda la comarca. Luego se repitió el mismo episodio que en la invasión anterior".

"Cuando las fuerzas federales y las del Estado, se pusieron en actitud de atacar a los bárbaros, éstos se retiraron llevándose otra vez su considerable botín. Y entonces la retirada la realizaron con más audacia. Mas bien pareció la amenazadora actitud de un ejército que se repliega, que una fuga. En este mismo periódico dimos cuenta de los bruscos y atrevidos ataques que nuestras avanzadas tuvieron que sostener de parte de los salvajes, de las bajas que sufrieron y de los terribles conflictos en que se vieron expuestos. Los indios por su parte, tuvieron poquísimas pérdidas, que por indicios únicamente pudieron conjeturarse y como hemos dicho repasaron el Bravo llevándose el cuantioso producto de sus robos".

"Apenas se habían retirado las fuerzas, que hacían la campaña, cuando se presentó por tercera vez el funesto Victorio con su feroz horda aumentada y más audaz y amenazadora que nunca. Inició su entrada con siete asesinatos y con un robo hecho al señor Samaniego, de más de trescientas bestias".

"Esta vez el terror en el Estado llegó al extremo, el implacable jefe apache había adquirido su sangriento prestigio".

"Ese éxito siempre afortunado alcanzado por Victorio tanto aquí como en la vecina República, esa inutilidad de

117

los esfuerzos hechos por poner término a sus incursiones desoladoras, esas numerosas víctimas causadas por los bárbaros, sin que ellos por su parte dejaran un solo hombre sobre el campo de combate, hacía ya casi ver a los salvajes como seres invulnerables y como una calamidad sin remedio".

"Los Estados Unidos pusieron en persecución del sanguinario Victorio a un ejército de tres mil hombres bien provistos y municionados. Este hecho manifiesta toda la importancia que al feroz salvaje se le dio en la vecina República".

"En obsequio de la justicia, debemos manifestar nuestra deferencia a los caballerosos jefes de las fuerzas americanas, por la actividad con que han procurado en las dos últimas invasiones, dar oportunos avisos a nuestras fuerzas y por la solicitud y atención con que las han tratado, llegando hasta ofrecerles víveres y municiones en caso necesario".

"El haber aniquilado al formidable Victorio después de tantos y tan costosos esfuerzos, que estérilmente se han hecho en ambas Repúblicas, para impedir sus atentados siempre crecientes, es un hecho demasiado importante para que los chihuahuenses se hayan regocijados con justicia, de verse libres de esta plaga desoladora, en cuya destrucción estaba empeñado aún el honor nacional".

"Sin embargo, aún cuando los indios hayan recibido un rudo escarmiento, no por eso puede el Estado considerarse libre del todo de sus implacables ataques".

"Aún quedan algunas partidas de salvajes que aterrorizadas por lo pronto, con el golpe que acaban de recibir, el jefe a quien en su superticiosa ignorancia juzgaban sobrenatural, no tardarán en continuar sus crímenes, si se abandona su persecución".

"Mas esperamos que el Gobierno Federal hará pronto efectiva la creación de las colonias militares, que ha resuelto establecer en la frontera y de este modo estará, en lo posible, asegurado Chihuahua de los amagos del implacable enemigo de la civilización".

El segundo capitán de la gran trilogía táctica es Ju. Junto con Nana y Gerónimo contempló impotente el trágico fin en Tres Castillos de Victorio.

Los supervivientes de Tres Castillos -sólo mujeres y niños- fueron colocados en los hogares de las familias de la ciudad de Chihuahua -principalmente- y de El Passo del Norte, por cuya razón su sangre con el tiempo llegó a mezclarse con sus habitantes. Aún hoy día la tradición oral nos cuenta que ellos llegaron a adaptarse perfectamente a nuestra sociedad.

Como lava ardiente en su pecho, le quema a Ju un fuerte sentimiento de venganza. Joaquín Terrazas y Ju se enfrentan en una partida estratégica de ajedrez cuyo jaque mate será la muerte de uno o del otro. Inicia Ju su venganza al sur de El Passo del Norte, en Plan de

Álamos asaltando rancherías y conductas, pero con el deliberado objeto de provocar a su odiado rival. Joaquín Terrazas va a su encuentro, pero el apache logra burlarlo, pasando a Estados Unidos, rodeando siempre la población de El Passo del Norte ya por el este, ya por Vado de Cedillos. Su ciego furor le lleva a atacar el presidio de Janos, derrotando su guarnición y emprendiendo su retirada ordenadamente.

La situación de la apachería tórnase empero desesperada. Los ejércitos combinados de Estados Unidos y México van cerrando inexorablemente el férreo círculo. Nana, Ju y Gerónimo conferencian sobre la posibilidad de concertar un tratado de paz. Quieren hablar con Joaquín Terrazas a las orillas de Casas Grandes, pero exigen se presente solo y desarmado, motivo por el cual éste escribirá "...Terrazas esforzóse en atraer a dichos indios hasta lograr el principal objeto de esas **tentativas que era asegurar de cualquier modo a los cabecillas Ju y Gerónimo. Terrazas por inspirarles confianza a dichos salvajes se presentó al lugar elegido por ellos, varias veces, en las que pudo haber sido asesinado sin medio de evitarlo**".

En una de estas pláticas, por órdenes del general Carlos Fuero la columna de Juan Mata Ortiz abre fuego prematuramente mientras los apaches huyen entre las últimas sombras de la madrugada no sin dejar 43 "**entre vivos y muertos**" en poder de las fuerzas del gobierno.

Ju se salva, pero ahora arde en sus arterias un profundo odio en contra de los blancos. Conforme al testimonio viviente de aquellos días, poco después del acontecimiento descrito encontrándose aún en Casas

Grandes Joaquín Terrazas, con los primeros rayos del sol aparece en lontananza un apache montado. Reconocen a Ju y consideran que viene a reanudar las pláticas de paz y al hallarse ante el coronel Terrazas y su segundo les reclama sumamente indignado:

"Tú Joaquín ¡traicionero! ¡maldito! y para ti capitán Gordo, no balazos, no cuchillo, no lanza, no flechas, para tí: LUMBRE".

Concluida su amenaza vuelve la espalda y en ligero trote se aleja. Mata Ortiz echa mano a su pistola, pero lo detiene Terrazas diciéndole:

"No Mata, a un hombre como Ju no se le mata por la espalda".

No en balde fue la amenaza de Ju. Vive para vengarse y urde una trampa en la cual, junto con veintiún vecinos cae el "capitán Gordo". En ella ultiman a balazos a todos excepto a su jefe, quien ve aparecer a su rival, quien le repite: "Capitán Gordo, para ti no balazos, no cuchillo, no lanza, no flechas, para tí ¡LUMBRE!".

Inmediatamente es sujetado y amarrado a una estaca en la cumbre de una loma. A su alrededor se acumula leña seca y una chispa de pedernal enciende la hoguera.

Esa trágica tarde sobre el dilatado horizonte chihuahuense, el astro rey, antes de ocultarse en las montañas del poniente contempló impasible la antorcha humana, con la cual se consumaba la venganza, o mejor dicho se hacía la justicia apache.

Meses después, perdida toda esperanza de Ju de concertar una plática de paz, se remonta en lo más intrincado de la imponente Sierra Madre. Una víbora de cascabel espanta a la mula de Ju y ambos se pierden en el abismo.

Será, Gerónimo el último guerrero apache. En 1883 la situación se ha vuelto angustiosa para toda su tribu y cediendo a la voluntad de la mayoría, envía a un par de sus hombres a buscar a Joaquín Terrazas para concertar la paz final. Los soldados del cuartel los reciben y se ponen en contacto con el general Carlos Fuero quien, muy probablemente por celos profesionales, evita la entrevista de Gerónimo con el coronel Terrazas y en su lugar manda al torpe coronel Miguel González con la orden de tenderle una trampa y matarlo o capturarlo en las pláticas. Gerónimo intuye la traición e insiste en entrevistarse exclusivamente con Joaquín Terrazas pidiendo ·como en ocasiones anteriores· se presente solo y desarmado y cuando con pretextos tontos se le indica que el coronel Terrazas anda en otra comisión Gerónimo más seguro que nunca está de la inminente traición por lo cual abandona los intentos de paz.

Tres años serán de lucha constante de la última tribu apache por eludir tanto a los norteamericanos como a los mexicanos. En este lapso se inaugura el ferrocarril en el tramo Chihuahua a El Passo del Norte, con el consiguiente tendido telegráfico, lo cual evidentemente constituirá un devastador golpe para la apachería.

Gerónimo está fatigado y viejo. Su tribu una y otra vez le suplica se rinda antes de seguir el destino de Victorio. Así acepta entregarse al general Crook, pero muy poco después se retracta para recobrar su libertad. Su pueblo, o lo que de él queda, no puede más. Talliné, el hijo de Ju, ha concertado la paz con el coronel Terrazas y Gerónimo, **siente, sabe** que todo está perdido.

De esta manera en el mes de marzo de 1886, en la Sierra Madre, finalmente Gerónimo se entrega al general Miles y se le interna en Fort Sill, Oklahoma.

La última fase de su vida es más triste y patética que las de Victorio y Ju. Su imagen fue explotada – y lo sigue siendo hoy día – una y otra vez ya retratándolo al volante de un automóvil Ford o posando para fotografías de turistas por diez centavos de dólar. El anciano y último apache termina convertido en un **souvenir** para el turista hombre-masa.

La epopeya apache es triturada al paso de la civilización encarnada por el victorioso ferrocarril.

CAPÍTULO XIII

Las Luces de la Nueva Centuria

L a luz eléctrica ilumina el siglo XX. Desde 1882 El Passo del Norte sintió un enorme alivio y una gran alegría cuando felizmente arribó por vez primera el tren proveniente de la capital del Estado. Con él se inauguraba una nueva etapa de tranquilidad y abundancia, toda vez que concluida la guerra apache el comercio con la ciudad de México se incrementó en forma sobresaliente. Desde China continúan llegando al puerto de Acapulco una gran variedad de artículos, mismos que apenas llegados a la capital de la República, se embarcan por la vía férrea hasta nuestra frontera y parte de los cuales a su vez se exportaban a Nueva York y Chicago. Con toda razón afirma el ganadero de el valle de San Buenaventura ·hijo y nieto de ganaderos· Rafael Sánchez Caro que el desarrollo comercial de Ciudad Juárez arranca con la llegada del primer ferrocarril, pues en efecto, posible es ya, a partir de ese momento el envío en gran escala de madera, fruta, minerales y reses. Por si poco fuese este transporte se complementó a la perfección con el telégrafo y el teléfono con servicio de larga distancia.

A su vez, concluida la guerra de secesión en los Estados Unidos, igualmente arrancó la fase de desarrollo económico gracias a la proliferación de la banca, el papel moneda, el cheque y la sociedad anónima, con lo cual se hizo factible la realización de las grandes hazañas empresariales, que configuran el mundo de nuestros días.

Don Porfirio Díaz, enarbolando el principio de no reelección, llega a la presidencia. En el año de 1887 el viejo Passo del Norte deja de ser tal para convertirse en Ciudad Juárez bajo el gobierno municipal de Don Mauro Candano; mientras la población al norte del río grande que hacía años veníase formando con la denominación de Franklin, ahora torna para sí su nombre actual de El Paso, Texas. Conforme a las tradiciones orales de la época, la población fronteriza jubilosamente aceptó el cambio de nombre, debido a que aún fresco se hallaba el recuerdo del Benemérito, quien por cierto fue el primero en reclamar la devolución de El Chamizal. A lo largo de los siglos jamás ningún presidente de la República había sido recibido con tan espontáneas muestras de entusiasmo.

El 10 de septiembre de 1889 se inaugura el más bello e imponente edificio de la Ciudad, al estilo afrancesado de la época, es decir La Aduana Fronteriza en la esquina sureste de las Avenidas Juárez y 16 de septiembre, precisamente como tangible prosperidad de la futura urbe.

Al año siguiente se levanta el monumento a Miguel Hidalgo. A consecuencia de la promulgación de la Carta Magna del 5 de febrero de 1857, que puso a México a la vanguardia mundial del derecho constitucional, en nuestra ciudad se instalaron las oficinas del Registro Civil y del Registro Público de la Propiedad y del

Comercio. Con todo ello el mexicano disfrutó de nuevos niveles que enaltecieron su calidad de vida.

En suma, parecía que México progresaba situándose entre los primeros países del hemisferio.

Y sin embargo, bajo esta careta de prosperidad subyacían dos graves lacras: la carencia de la mínima aspiración democrática y la enorme desigualdad social.

Ya en 1881, adelantándose en tres años a la huelga de Chicago, en Pinos Altos, Chihuahua; habían sido fusilados los trabajadores Blas Venegas, Ramón Mena, Cruz Baca, Francisco Campos y Juan Valenzuela. De no haber sido por la oportuna intervención de Francisco Armenta, se hubieran sacrificado otros diez obreros quienes se encontraban en capilla.

Fresca en la memoria hallábase también la terrible hecatombe de Tomochic, en la cual pereció hasta el último hombre, Cruz Chávez, acribillado por las balas del ejército porfirista.

Ciudad Juárez, empero, se vistió de gala aquel 15 de octubre de 1909, en que por vez primera en la vida de ambas naciones, se entrevistaban los presidentes de México y Estados Unidos.

En el trayecto rumbo a nuestra frontera, Don Porfirio hace escala en la Ciudad de Chihuahua hospedándose en la "hermosa residencia" del gobernador Don Enrique Creel, en la cual, después del afrancesado menú, pronuncia éste laudatorio discurso a manera de brindis:

"Señor Presidente: a la tierra de Anahuac, acariciada por los mares, embellecida y perfumada por la flora de sus costas, por el más hermoso valle del mundo, por los árboles seculares de sus selvas; por sus montañas gigantescas y por su cielo azul; y habitada por una raza sufrida, noble y generosa la hizo independiente Hidalgo -el Libertador-. A esa tierra querida santificada con la sangre de los héroes de la independencia, la emancipó por segunda vez Juárez –el Reformador-".

"Y sobre esa misma tierra conmovida y destrozada por las revoluciones, habéis edificado una Nación, una nación grande y poderosa; habéis cimentado el orden y la tranquilidad pública, siendo soldado y habéis conquistado el título de "Héroe de la Paz".

"Vuestra obra es única, singular y extraordinaria, los medios que habéis empleado son también extraordinarios, sabios, filosóficos e historiadores escribirán muchos libros estudiando y analizando vuestra administración. Podéis estar tranquilo. La intención ha sido sana, elevada y patriótica. El éxito es brillante".

"Por esa obra buena, por esa labor meritoria, fecunda y extraordinaria, el pueblo os ama y bendice. El Estado de Chihuahua se siente honrado con vuestra visita: sus hijos pronuncian vuestro nombre con cariño y agradecimiento; y en nombre de ese pueblo patriota, os saludo una vez más y os ofrezco este humilde banquete".

"Los rasgos culminantes de vuestra vida militar y política están grabados en el corazón mexicano; y en este banquete se han proyectado con líneas de luz y con el aplauso de toda esta culta sociedad, la que también ha tributado un homenaje de consideración y cariño a la noble y distinguida compañera de vuestro hogar y de vuestra vida".

"Para que esta manifestación sea para vos más expresiva y más conmovedora, han concurrido a este acto las distinguidas damas de la sociedad chihuahuense y con ellas sus hijas bellas y virtuosas, que son nuestro orgullo y las flores de nuestra primavera y de nuestros ensueños".

"Señoras y señoritas brindemos por la salud del señor Presidente de la República, general Don Porfirio Díaz".

Obviamente el aplauso estruendoso retumbó durante varios minutos en todo el salón, bajo los más optimistas augurios sobre el porvenir del Estado.

Pero si el lector juzga exageradas las palabras del gobernador, el 15 de octubre de 1909 en nuestra Ciudad Juárez los más audaces elogios rompieron todos los límites al expresar el orador en turno "...**anunciándoles a los tranquilos moradores de la hospitalaria ciudad fronteriza, el instante grato en que el inmortal guerrero divisionario, veterano avezadísimo en rudas y sangrientas lides e invicto vencedor en memorables jornadas a ejemplo legendario de los grandes capitanes que han admirado los siglos, Julio César, Alejandro Magno y Napoleón Bonaparte, después de haber pasado el Rubicón de sus homéricas conquistas y de derrotar en Farsalia a los Pompeyos...**"

Vino luego la famosa entrevista Díaz – Taft, de cuya conversación a lo largo de casi un siglo ha sido tema de especulación, pues las tres personas (Don Enrique Creel fue el intérprete) se llevaron el secreto al sepulcro.

El autor, siendo primo y disfrutando de la magnífica amistad del licenciado Salvador Creel Sisniega, nieto de Don Enrique, en alguna ocasión le preguntó si su abuelo no le había revelado algo a sus hijos a lo cual respondió Salvador:

"Mi padre a su vez le hizo la misma pregunta a mi abuelo, replicando éste: mira hijo, por ética profesional no puedo revelarte lo conversado y sin embargo sí puedo decirte que nunca en mi vida admiré tanto el patriotismo del señor Presidente como en esos momentos".

El 15 de octubre de 1909 Don Porfirio Díaz coloca la primera piedra del monumento a Juárez encargado a los ingenieros Volpi y Rigalt.

Los banquetes y los discursos laudatorios de "la gente bien" se sucedieron continuamente. Pero el pueblo, ni en la Ciudad de Chihuahua ni en Ciudad Juárez, participó pues con todo fundamento el ilustre historiador Armando Chávez M. anotó: **"la inquietud del país cundía, se aproximaban los acontecimientos. Díaz ya no satisfacía en el poder al pueblo. Su dictadura se hacía odiosa".**

Referente a todas estas ceremonias el brillante jurisconsulto e historiador Enrique González Flores escribe: "**celebran en todo esplendor las fiestas del centenario de la independencia, demostración última del carnaval político en que un régimen envejecido fincaba su grandeza...**" para más adelante agregar: "**los más odiosos monopolios y humillantes privilegios fincaban el desarrollo comercial de nuestro ambiente, derramándose las bendiciones de la prosperidad económica entre un seleccionado grupo de negociantes, ligados por el parentesco más estrecho...**".

Aún no se apagaba el eco de las solemnes fiestas del centenario, cuando entre las clases media y baja, en las ciudades y en el campo retumbó con telúrica fuerza una palabra: ¡Revolución!.

CAPÍTULO XIV

Revolución

El México romántico del porfirismo estalló en añicos el domingo 20 de noviembre de 1910. A partir de ese día jamás el país volvió a ser el mismo; y tampoco nuestra Ciudad Juárez. Aquel día en todo el Estado de Chihuahua se respiraba una enorme tensión bajo la aparente calma. Desde el jueves anterior, 18, Toribio Ortega, presidente del Club Antirreeleccionista de Cuchillo Parado, Coyame, se levantó al frente de sesenta hombres montados y armados, por cuya razón el jefe municipal, Don Ezequiel Montes, puso pies en polvorosa, refugiándose en la capital del Estado.

El telégrafo inmediatamente tartamudeó la noticia a Ciudad Juárez en la cual en los cafés, restaurantes y cantinas, el tema recurrente fue el movimiento armado. Ese domingo, después de misa, como reguero de pólvora corrió el rumor de que el incendio rebelde cundía ya por todo el Estado; además de Toribio Ortega en la región de Coyame, Francisco Villa en San Andrés, Pascual Orozco en San Isidro, José de la Luz Blanco en Santo Tomás, Rufino Loya en Cuiteco, Guillermo Baca en Hidalgo del Parral, José Rascón en Namiquipa, Luis García en Bachimba, Ignacio Valenzuela en Témoris, Manuel Chao en Baqueteros, Guadalupe Gardea en Chuvíscar, Cástulo Herrera en el centro del Estado, José

Dolores Palomino en Riva Palacio, Tomás Loza en Galeana y algunos otros más.

Desde finales de 1910 se especuló muchísimo de que esta frontera sería atacada por los revolucionarios observándose fuerte movimiento de tropas en el cuartel y las calles del centro; y efectivamente la toma de la ciudad desde un principio se convirtió en blanco prioritario de los rebeldes, toda vez que solamente la resguardaba un destacamento de 5 oficiales y 88 soldados pertenecientes al doceavo batallón, aún cuando en atención a los anteriores rumores, fue ligeramente reforzada.

Don Porfirio se hallaba aún aturdido por el esplendor de las fiestas del centenario y por ende fue incapaz de digerir el nuevo concepto: Revolución. Así dirige un mensaje al Congreso sin lograr convencer absolutamente a nadie.

Entre tanto Pascual Orozco había unido sus fuerzas con Francisco Villa y ambos acompañados de Francisco I. Madero llegan hasta las goteras de nuestra frontera, donde acampan mientras se perfecciona el sitio.

El viejo marrullero "héroe del dos de abril" aún envía al Lic. Francisco Carvajal para entablar unas pláticas de paz con Madero, intentando hacer tiempo para asentarle el golpe mortal a los revoltosos.

Así fueron alargándose los días en estériles discusiones bizantinas, hasta que a su vez entre Pascual Orozco y Francisco Villa se desarrollaba el siguiente diálogo:

- Orozco: Mire compañero, los días pasan y pasan y nosotros no más como tontos
- Villa: Así es mi general, ya mi gente está desesperada y el chaparrito no da trazas de llegar a nada.
- Orozco: Mire qué desvergonzados aquellos pelones, lavando su ropa en pleno río a la vista de nosotros.
- Villa: A que no cree que me dan ganas de echarles unos cuantos balazos.
- Orozco: Pos manos a la obra, mire a esta distancia yo le pego a aquel prieto que anda acarreando ropa blanca.
- Villa: A mí ya me está cayendo sangrón por lo descarado. Yo también soy capaz de atinarle y con pistola.
- Orozco: Mire compañero, vamos a tirotearlos y pos si responden les echamos nuestra gente.
- Villa: Me parece muy buena idea. Tráigase unos tres o cuatro buenos tiradores y vamos a pegarles. Cuando el chaparrito se de cuenta ya no va a poder parar la bola.

Uniendo la palabra a la acción, la gente de Orozco empezó a tirotear a los soldados que lavaban a la orilla del río. Inmediatamente contestaron éstos el fuego y los revolucionarios arreciaron el ataque. Al escuchar la balacera inmediatamente salió Madero de su cuartel provisional y le ordenó a Orozco suspender el tiroteo, a lo cual le replicó éste que ya era imposible pues se habían producido las primeras bajas y los ánimos se hallaban muy enardecidos a lo que Madero contestó:
- ¡Válgame Dios! Pues ya ni modo, ya no queda más remedio que tomar Juárez. ¡Adelante!.

Sumamente alegres llegan alrededor de treinta jóvenes americanos de El Paso a darse de alta con el general Raúl Madero – hermano de Francisco – y quien de inmediato los incorpora a las fuerzas de Orozco. Los primeros heridos revolucionarios, como el general Fidel Ávila, fueron trasladados al hospital de sangre improvisado en El Paso, Texas.

El cuartel del 16 Regimiento es tomado luego de haberse combatido día y noche el 8, 9 y 10 de mayo; quedando la mañana de este día los sitiados sumamente fatigados ante el acoso constante y la falta de agua y provisiones. El incontenible empuje de los atacantes obliga al general Juan Navarro a rendirse incondicionalmente pasadas las 12 horas entregando su espada a la Revolución.

Rendida la plaza se firmó el Tratado de Paz bajo los siguientes términos:

"En Ciudad Juárez a los veintiún días del mes de mayo de 1911, reunidos en el edificio de la Aduana Fronteriza los señores licenciados Francisco S. Carvajal, representante del Gobierno del señor general Don Porfirio Díaz; Don Francisco Vázquez Gómez, Don Francisco I. Madero y el licenciado José María Pino Suárez, como representantes, los tres últimos de la Revolución, para tratar el modo de hacer cesar las hostilidades en todo el territorio nacional y considerando:

Primero. Que el señor general Porfirio Díaz ha manifestado su resolución de renunciar a la Presidencia de la República, antes de que termine el mes en curso.

Segundo. Que se tienen noticias fidedignas de que el señor Ramón Corral renunciará igualmente a la Vicepresidencia de la República dentro del mismo plazo.

Tercero. Que por ministerio de ley el licenciado Don Francisco León de La Barra, actual Secretario de Relaciones Exteriores del gobierno del señor general Díaz, se encargará interinamente del Poder Ejecutivo de la Nación y convocará a elecciones generales dentro de los términos de la Constitución.

Cuarto. Que el nuevo gobierno estudiará las condiciones de la opinión pública en la actualidad, para satisfacerlas en cada Estado, dentro del orden constitucional y ACORDARÁ LO CONDUCENTE A LAS INDEMNIZACIONES DE LOS PERJUICIOS CAUSADOS POR LA REVOLUCIÓN, las dos partes representantes en esta conferencia, por las anteriores consideraciones, han acordado formalizar el presente convenio.

Único. Desde hoy cesarán en todo el territorio de la República las hostilidades que han existido entre las fuerzas del general Díaz y las de la Revolución; debiendo éstas ser licenciadas a medida que en cada Estado se vayan dando los pasos necesarios para restablecer y garantizar la paz y el orden público.

Transitorio. Se procederá desde luego a la reconstrucción o reparación de las vías telegráficas y ferrocarrileras que hoy se encuentran interrumpidas.

El presente convenio se firma por duplicado, rubrica".

Como puede advertirse, el señor Madero ·hombre limpio· incluso inocente, cometió tres errores consecutivos que a la postre le costaron la Presidencia y la vida:

a) Dejó en la Presidencia al licenciado Francisco León de La Barra, completamente identificado con el antiguo régimen, en lugar de exigir se designara a un elemento revolucionario.

b) Dejó intacto al ejército federal, el cual poco después se levantó en su contra.

c) Dejó al garete a los hombres que le dieron el triunfo con las armas como Pascual Orozco y Francisco Villa; el primero acabó desconociéndolo y el segundo después de haber estado a punto de ser fusilado por Huerta quedó abandonado a su suerte en la penitenciaría de la Ciudad de México, de la cual habría de fugarse al no encontrar apoyo del Presidente Madero.

Sarcasmos de la vida: apenas meses después de la solemne celebración de las fiestas del centenario, en que poco faltó para deificar a Don Porfirio, comparado con Alejandro Magno, Julio César y Napoleón, lo echarían del poder en ignominiosa forma. Tal parecía que cuando el viejo y amargado dictador se embarcaba a Europa en el "Ipiranga" la voz de Séneca, retumbando con el eco de las centurias, le susurraba al oído: **sic transit gloriae mundi**

CAPÍTULO XV

El Centauro del Norte

Por una doble coincidencia Benito Juárez y Francisco Villa son los dos mexicanos mejor conocidos en el mundo y curiosamente ambos se encuentran históricamente vinculados a nuestra ciudad.

Madero triunfa con la caída de Ciudad Juárez y sin embargo, es ésta una victoria precaria que no dejó satisfechos ni a Pascual Orozco, ni a Francisco Villa, por haber quedado intacto el antiguo régimen.

Conforme a la mitología griega, cuando Zeus, el padre de todos los dioses, desde su trono en el Olimpo quería perder a un ser humano, le obsequiaba una copa colmada de soberbia. Fue precisamente esto lo que le sucedió a Pascual Orozco. Zeus encarnó en Don Luis Terrazas, en cuyos dominios en el Estado de Chihuahua no se movía la hoja de un árbol sin su voluntad y el viejo liberal juarista del siglo XIX, ahora convertido en el conservador latifundista más poderoso de México, invitó a Pascual Orozco a un banquete en el Casino de Chihuahua, con las mismas personas conservadoras a ultranza que poco antes rendían pleitesía a Don Porfirio y le convencieron al primer sorbo de la fatídica copa, que él era en realidad el máximo héroe de la Revolución, convenciéndole de que debería reverdecer sus laureles derrocando al inepto de Madero, para lo cual ponían inmediatamente a su disposición las sumas de dinero que el levantamiento requiriese.

Apurada hasta las heces la copa de soberbia ante la satisfecha sonrisa del Zeus chihuahuense, Pascual Orozco lanza el Plan de la Empacadora y se apresta a la lucha armada en contra del Presidente Madero. Después de un inicial éxito, empieza a sufrir derrota tras derrota, hasta recibir una ignominiosa muerte en las cercanías de El Paso, Texas en 1915.

En 1911 sería la primera de varias ocasiones en que Cd. Juárez fuese tomada por Villa. Vienen las elecciones presidenciales en las cuales Madero obtiene un arrollador triunfo, empero fuerzas ocultas empiezan a movilizarse. Los elementos porfiristas conspiran solapadamente al principio y abiertamente después. Félix Díaz, Aureliano Blanquet, Manuel Mondragón, Bernardo Reyes y Victoriano Huerta entran en contacto con el embajador norteamericano Henry Lane Wilson, quien desde la inmunidad diplomática afila la cuchilla que habrá de caer sobre el cuello de Madero.

La excesiva buena fe de Madero se convierte en fatal error. Aún tiene la fortuna de sofocar las rebeliones de Reyes y Félix Díaz e internarlos en prisión respetando sus vidas, tan sólo para permitirles reincidir. Pero ahora comete Madero el error que le cuesta la vida: confía a Victoriano Huerta un cuerpo de ejército de cuatro mil hombres en contra del ahora rebelde Pascual Orozco.

En el alcoholizado cerebro de Victoriano Huerta empieza a gestarse la traición; y puesto que Villa queda a sus órdenes, el reclamo del robo de una yegua es el pretexto del chacal para aprehenderlo y mandarlo fusilar. Providencialmente, minutos antes de la descarga, llega el coronel Guillermo Rubio Navarrete interviniendo para que el hombre que ya se encontraba ante el paredón, sea enviado a la Ciudad de México en calidad de prisionero.

Francisco Villa

Recluido ya en la prisión militar de Santiago Tlaltelolco, Villa abriga en vano la ilusión de ser liberado por su amigo, el Presidente de la República. Una y otra vez le escribe cartas solicitándole su intervención y al no recibir respuesta, decide fugarse. El destino viene en su ayuda encarnado por un joven escribiente, Carlos

Jáuregui, quien le facilita los medios para lograr su propósito.

Desde la prisión se enteró Villa de la conspiración contra Madero y una vez libre, ya a salvo en El Paso, Texas desesperadamente intenta prevenir al Presidente del complot a través del cónsul de México Enrique C. Llorente, así como a través del gobernador Don Abraham González; sin embargo fue todo en vano, la candidez de Madero terminó cuando un balazo le segaba la existencia, ante el beneplácito de Victoriano Huerta y Henry Lane Wilson, quienes brindaban en la embajada norteamericana por el éxito de la empresa.

No sólo en Ciudad Juárez, sino en todo el país se cimbró ante la noticia del infame crimen de Madero y Pino Suárez. Muy poco tiempo después, el gobernador de Chihuahua corría la misma suerte por no haber felicitado a Huerta.

Villa no perdió tiempo, el 6 de marzo de 1913 al este de Ciudad Juárez cruza el río grande acompañado de nueve hombres. De los desiertos, las planicies y montañas del Estado van emergiendo hombres con la carabina para en pocos meses engrosar la gloriosa División del Norte con más de treinta mil soldados, dispuestos a derrocar al chacal Victoriano Huerta.

Carranza desde meses atrás minuciosamente se había preparado para levantarse también en armas contra Madero, invitando para tal efecto a Benjamín Argumedo y a Felipe Ángeles; pero al recibir la noticia del magnicidio, de todos modos se levanta en armas, no ya contra Madero... ¡sino contra sus asesinos! Así lanza el Plan de Guadalupe proclamándose "Primer Jefe" y permaneciendo en el poder desde 1913 hasta su asesinato en 1920.

No lejos de la ciudad de Chihuahua, en el pintoresco pueblecillo de Saucillo, tiene lugar el primer combate contra fuerzas huertistas dirigidas por el general Cayetano Romero y tras encarnizado enfrentamiento, llega el triunfo revolucionario con trescientos muertos y cien prisioneros federales.

En la capital de la República, Huerta lleva a cabo una orgía de sangre: caen los diputados Gurrión, Monroy y Rendón ·salvándose providencialmente Jesús Urueta escondido en un burdel·; al senador Belisario Domínguez le corta la lengua y el hilo de la existencia. Igualmente serán asesinados Aurelio Saldaña, Alfonso Zaragoza y Gabriel Hernández. Felipe Ángeles cae prisionero y es desterrado a Francia en misión diplomática.

Desplazándose vertiginosamente Villa cae sobre Torreón tomándola. Allí en una convención de oficiales nace la gloriosa División del Norte; no pudiendo sostener esta plaza por falta de elementos la abandona para ir a sitiar la ciudad de Chihuahua, defendida por Salvador Mercado. En estas circunstancias se produce una de las mayores hazañas del Centauro: la toma de Ciudad Juárez. Un tren federal sale de esta frontera dirigiéndose al sur y es capturado por los revolucionarios. Villa personalmente lo ocupa y colocando su pistola .44 en la cabeza del telegrafista, le ordena avisar a Ciudad Juárez la imposibilidad de proseguir por estar el camino tomado por los revolucionarios y pidiendo instrucciones. Se le ordena retroceder con la consigna de reportarse en cada estación. Así lo hace el telegrafista sintiendo sobre su nuca el frío cañón del revolver .44, mientras conduce durante la noche a todo un ejército revolucionario arribando en la madrugada del 16 de noviembre a Ciudad Juárez – totalmente desprevenida – tomándola en unas cuantas horas y con mínimas bajas. Este golpe de audacia pone a Villa en la primera plana de la prensa mundial.

Sumamente dolido, el ejército huertista se apresta a recuperar la plaza y derrotar a Villa, contando para ello con un selecto cuerpo militar bajo el mando de José Jesús Mancilla, Marcelo Caraveo y José Inés Salazar.

A las cinco de la mañana del 25 de noviembre, apenas al sur de Ciudad Juárez en el lugar que a raíz de este combate se haría famoso "Tierra Blanca" tiene lugar el desafío entre ambas artillerías, contando los huertistas con los mejores cañones del mundo, de la casa Krupp, alemana, bautizados con los nombres de "El rorro" y "El chavalito" montados sobre plataformas de ferrocarril. Los revolucionarios contarían con 6,200 hombres y el enemigo con 5,500. En El Paso, Texas; diversas instituciones se organizaron para auxiliar al Centauro con un magnífico equipo médico y enfermeras, así como alimentos y cobijas; y casi simbólicamente unas docenas de jóvenes americanos.

A través de dos días de durísimo combate, personalmente Villa dirigió las acciones recorriendo todo el frente de combate, día y noche, hasta finalmente en un sincronizado movimiento envolvente entre la infantería, la caballería y la artillería lograron resquebrajar el centro del enemigo, obligándolos primero a retroceder y después emprender desordenadamente fuga.

Digno de la más espectacular toma cinematográfica es el momento en el cual Rodolfo Fierro se lanza a carrera tendida a caballo dando alcance al tren enemigo que iniciaba la retirada bajo una granizada de balas saltando de su cabalgadura a la máquina y personalmente frenar al tren para entregarlo a la furia villista que consuma una espantosa carnicería, especialmente entre las fuerzas orozquistas que militaban en el bando contrario.

En esta ocasión la prensa internacional, que ya había enviado corresponsales al teatro bélico fotografía una y otra vez al "héroe de Tierra Blanca" e inicia su parangón con Napoleón Bonaparte. Presa de enorme entusiasmo, rinde su parte militar a Don Venustiano quien fríamente contesta apenas dándose por enterado del mismo mientras la efigie del Centauro recorre ambos hemisferios.

Estas dos ocasiones son apenas el inicio de una secuela de brillantes triunfos escalonados por todo el norte del país en contra de los más fuertes contingentes federales. Entre tanto éstos se habían apoderado de Ojinaga y se envía a Pánfilo Natera y a Toribio Ortega quienes a pesar de todo su empeño no logran su objetivo, por cuya razón Villa, con toda su división asume el mando y en un combate que apenas rebasó la hora en contra de Pascual Orozco y Marcelo Caraveo les infringe una derrota obligándolos a huir con lo que domina por completo el Estado de Chihuahua.

Ahora Villa se convierte en el gobernador militar del Estado caracterizándose por una dinámica y enérgica labor social. Abarata los productos de consumo popular, ensancha la Avenida Independencia, abre escuelas y para su sorpresa , se le informa que en la Ciudad se encuentra nada menos que Luis Terrazas Cuilty por lo cual le ordena de inmediato a su compadre Tomás Urbina se lo traiga a como de lugar.

Pasada una hora regresa su compadre con las manos vacías.
- ¿Qué pasó compadre con mi encomienda?
- Pos compadre, que se refugió en el consulado británico
- ¿Y eso qué?
- Pos que tiene inmunidá
- ¡Ah que diablo de compadre tan supersticioso! ¡Prepáreme mi escolta y verá cómo conmigo no valen esas cosas!

En efecto, encabezando a su escolta Villa producirá la más sintomática escena de la Revolución. Poco tiempo antes en el Estado de Chihuahua no se movía la hoja de un árbol sin la voluntad de Don Luis Terrazas Fuentes y ahora su hijo predilecto se hallaba en poder del Centauro. No lo mata, pero sí lo obliga a entregar las talegas de oro amonedado escondidas en un pilar del Banco Minero de Chihuahua.

Precisamente en estos días se incorpora a la División del Norte el valioso general Felipe Ángeles, que tan importante rol jugó en los grandes combates contra el ejército huertista. Además fue un hombre humanitario al salvar la vida de cientos de prisioneros de la furia de Villa.

Por segunda ocasión en 1914 toma Torreón, con lo cual se convierte en el héroe más popular de México en Europa y Norteamérica. El brillo de la gloria alcanzó a herir por una parte a Obregón y por la otra a Venustiano Carranza, quien no podía sencillamente concebir cómo siendo él el Primer Jefe de la revolución constitucionalista, en cambio Villa fuese el buscado objetivo de la prensa extranjera, mientras él pasaba desapercibido.

Después de Torreón le aguardan dos enormes victorias: Paredón y Zacatecas. En esta última ciudad se produce la escisión tajante y definitiva entre ambos personajes.

La revolución quedará desgarrada por las ambiciones de sus protagonistas. Será en los campos de Celaya, Trinidad y Santa Ana del Conde donde el sol del Centauro llegue a su crepúsculo.

Envalentonado por los anteriores triunfos y desoyendo los prudentes consejos de Felipe Ángeles, se lanza una y otra vez ante la bien fortificada Celaya, en cuyos campos quedará lo más granado de la otrora invicta División del Norte. Aún derrotado, se niega a rendirse y durante cinco años luchará en el Estado de Chihuahua, hasta la caída de Carranza, en una epopeya que aún hoy día admiran los historiadores.

Ciudad Juárez, guarnecida por el general Francisco González es atacada por tercera vez por Villa los días 14 y 15 de junio de 1919. Defendida por el batallón del coronel Francisco del Arco y el batallón del coronel Gonzalo Escobar, luchándose furiosamente en pleno centro de la ciudad ante el empuje incontenible de los "dorados". Es entonces cuando el general Irwing, comandante de Fort Bliss, con el infantil pretexto de resguardar las vidas de los norteamericanos, invade nuestra ciudad enfrentándose a Villa, quien se retira al sur.

No sólo el Teatro de los Héroes de la ciudad de Chihuahua, sino todo el Estado se cimbró de indignación ante el Consejo de Guerra que condenó a la pena capital en noviembre de ese mismo año de 1919, al brillante y humanitario general Felipe Ángeles, por instrucciones de Venustiano Carranza. Horas antes de ser fusilado, le pidió a su abogado defensor Alberto López Hermosa que le recordara al "Varón de Cuatro Ciénegas" el terrible apotegma bíblico: "quien a hierro mata, a hierro muere".

Unos meses después, un rayo en la misérrima choza de Tlaxcalantongo, rasgando las espesas sombras de la madrugada, le anunció a Carranza, en los estertores de la muerte, que allí le alcanzaba la maldición de Felipe Ángeles.

Al tercer día la prensa juarense publicaba el siguiente verso:

"Si vas a Tlaxcalantongo
Procura ponerte chango
Ya ves que a Barbastenango
Le sacaron el mondongo"

148

Tres años más tarde, un automóvil Dodge negro sale del centro de Parral rumbo al barrio de Guanajuato, entrando por la calle Mercedes; la mañana es clara y fresca a pesar del verano. En un recodo de la calle aguardan Melitón Lozoya, los hermanos Saenz Pardo, Ruperto Vera, Román y José Guerra, bien parapetados dentro de una casa.

Completamente ajeno a la inminente tragedia, el Centauro filosofaba: "nadie escapa a su destino".

Eran las siete cincuenta de la mañana del viernes 20 de julio de 1923.

CAPÍTULO XVI

Presidentes Municipales Asesinados

Como es lógico suponer, Ciudad Juárez ha tenido una amplia gama de Presidentes Municipales: algunos fueron buenos, otros mediocres y los hubo también brillantes. En el presente capítulo nos ocuparemos exclusivamente de quienes murieron trágicamente, sea en el ejercicio de sus funciones o bien después de haber entregado el poder.

El joven Melchor Herrera, proveniente de una reconocida familia parralense, tuvo particularmente un destino dramático, que a veces se antoja injusto.

Fue hijo del conocidísimo Don José de La Luz Herrera y de doña Florencia Cano quienes procrearon nueve hijos: Petra, Jesús, Concepción, Luis, Maclovio, Zeferino, Melchor, Florencia y María Dolores.

Al estallar la Revolución en unión a su padre Don José de La Luz, así como sus hermanos Maclovio y Luis, se dan de alta en la famosa División del Norte, directamente bajo las órdenes de Francisco Villa. Llegó incluso un momento en que el padre de los hermanos Herrera llegó a disfrutar de toda la confianza del Centauro, a tal grado que éste en sus memorias escribirá:

"... Así, consideré desde luego que sería fructuoso abrir casas de juego en Torreón, como las de Ciudad Juárez, mas otras diversiones y decidí que aquel negocio me lo administrara José de La Luz Herrera, a quien estimaba hombre de limpio corazón por ser padre de Maclovio".

Sin embargo, Obregón, durante su estancia en la Ciudad de Chihuahua, hizo contacto con Don José de La Luz Herrera – aunque usted no lo crea – logró convencerlo para que en unión a sus hijos Maclovio, Luis, Zeferino y Melchor se incorporaran a Carranza en el ya inminente rompimiento con la División del Norte.

Por un rumbo trágico toda la familia pereció en diversas circunstancias: el primero en caer fue Maclovio acribillado por equivocación por sus propias huestes el 17 de abril de 1915. El 22 de diciembre del año siguiente ·1916· Luis cae prisionero en manos del Centauro quien inmediatamente lo manda ahorcar.

En abril de 1919 sorpresivamente cae Villa sobre Parral, tomándola, por haberse rendido la guarnición después de feroz combate. El noble espíritu de Felipe Ángeles logra que se les perdone la vida a los prisioneros a lo que accede Villa, haciendo excepción con Don José de La Luz y sus dos hijos sobrevivientes Zeferino y Melchor.

Testigo presencial de estos hechos fue el coronel José A. Nieto, quien muchísimos años después me relata:

"Nunca en mi vida vi tan furioso a mi general. De sus ojos inyectados de sangre parecía saltar chispas, no cesaba de increparles a sus prisioneros: ¡Traidores, desgraciados! ¡Pero en estos momentos yo personalmente me encargo de tronarlos! ¡Y usted, mi general Ángeles, el día que caiga en manos de "barbas de chivo" no crea que se la van a perdonar!.

El día 22 de abril padre e hijos pagaban con su vida el haber escuchado las palabras de Álvaro Obregón.

Respecto a Felipe Ángeles, unos cuantos meses después, se cumplía la profecía del Centauro.

Bastante buena fe, empero, su labor como Presidente Municipal en Ciudad Juárez. Fue administrador de los juegos en Torreón, Parral y nuestra frontera a donde llegó en 1916 acompañado de su familia. A él le tocó inaugurar el cine Chapultepec en la Avenida 16 de Septiembre.

En el mes de octubre de 1916, con carácter de interino recibe la Presidencia Municipal, ganándose la simpatía de los vecinos por su buen carácter y franco espíritu de servicio. Estableció el entierro gratuito para "los pobres de solemnidad".

A pesar de que un brillante provenir se le abre en esta frontera, a instancias de su familia, en el mes de agosto de 1918 se traslada a Parral. Pocos meses después el trágico destino, encarnado por Francisco Villa cortará el hilo de su existencia.

Aquella despejada mañana primaveral, con todo optimismo José Borunda Escorza se levantó muy temprano, como era su costumbre, desayunó opíparamente y se dirigió a su oficina como Presidente Municipal. La vida le sonreía. Su brillante trayectoria política hasta ahora culminaba con el gobierno municipal, pero ya en todo el estado circulaban fuertes rumores sobre su halagüeño porvenir: la gobernatura del Estado.

A las nueve de la mañana ya estaba recibiendo gentes que le esperaban y empezó a atenderlas. A eso de las doce llega el correo con un paquete envuelto como regalo, pues días antes había celebrado su onomástico. Despejada la envoltura traía la caja un fuerte cincho metálico que no cedía, por cuya razón, ordenó al conserje Domingo Barraza fuera a traer unas pinzas para abrir el paquete que al parecer contenía puros.

De repente se apagó la luz, o al menos eso fue lo que el Presidente Municipal pensó. Un terrible estruendo pareció cimbrar todo el edificio. Quienes corrieron a la oficina principal se horrorizaron ante el espectáculo: el techo hallábase completamente salpicado de sangre; en el suelo yacía el cadáver del conserje Domingo Barraza y el cuerpo agonizante de José Borunda quien moribundo alcanzó a preguntar:
- ¿Quién apagó la luz? (era medio día y la víctima carecía ya de ojos).
- Tengo sed – fueron sus últimas palabras. Por misericordia le llevaron un vaso de agua, aunque en el vientre tenía un enorme boquete que en

154

segundos le segó la vida, desde luego antes de que llegase la ambulancia.

Este asesinato consternó a toda la población debido a su profundo arraigo popular, ya que en el brevísimo lapso en que fungió en el gobierno se supo captar las simpatías de todos quienes le trataron por su gran sensibilidad política y profunda vocación de servicio social.

Corría el 1 de abril de 1938.

Carlos Villarreal Ochoa recibe una llamada telefónica ese 10 de febrero de 1963. Le llama Víctor Ortiz –igualmente ex-presidente municipal de Ciudad Juárez- y acuerdan reunirse para cenar y tratar negocios relacionados con el ganado. Esa noche acuden al cabaret "La Cucaracha" situada en la Avenida Juárez y empiezan a tomar bebidas alcohólicas. Aparentemente por casualidad, al mismo cabaret llegan Francisco Olivera Castell acompañado del Inspector General de Policía, Gregorio Ogaz Téllez. Después de haber conversado un buen rato, salen Carlos Villarreal y Víctor Ortiz, dirigiéndose a otro bar cercano llamado "El Mint" donde continúan bebiendo. Minutos más tarde vuelven por segunda vez a aparecer Francisco Olivera Castell y el Inspector de Policía y reanudan la conversación en presencia del funcionario municipal Clemente Licón Baca.

Sorpresivamente Francisco Olivera Castell saca una pistola .45 y empieza a descargarla sobre el cuerpo de Carlos Villarreal, quien cae muerto con el corazón atravesado por una bala. Víctor Ortiz a su vez empuña una pistola .38 de cañón corto disparándole a Olivera,

155

pero causándole sólo un rozón en la mejilla izquierda y éste a su vez vuelve a accionar el arma .45 matándolo al instante de un balazo en el corazón y sale del cabaret sin que nadie lo detenga hasta que al llegar al puente de la Avenida Juárez un policía municipal, viéndolo sangrar del rostro lo detiene, sin que hasta ese momento hubiese intervenido para nada el Inspector General de Policía que minutos antes le acompañaba.

Al ser procesado declaró Olivera Castell que había asesinado a Carlos Villarreal porque éste le había insultado, lo cual nunca pudo probarse en autos.

Debe advertirse la valiosa circunstancia de que bien conocida era la amistad entre Villarreal y el Secretario de Gobernación, Gustavo Díaz Ordaz, quien algunos meses después sería postulado candidato del P.R I. a la Presidencia de la Republica y al año siguiente ganaría las elecciones, lo cual daba grandes posibilidades para que el ex-alcalde juarense se convirtiera en gobernador del Estado.

Como Presidente Municipal, fue Don Carlos Villarreal uno de los más destacados: fue verdaderamente implacable contra toda clase de delincuentes, a muchos de los cuales él mismo le confesó al autor de estas líneas, les dio la "ley fuga". Había que iimpiar el ambiente "a como de lugar". Admirador y paisano de Pancho Villa, nunca vaciló en usar la violencia en contra de los criminales, muchos de los cuales se fueron al otro mundo durante su gobierno.

Al estilo más puro del Centauro del Norte, presionaba a los ricos para realizar grandes obras sociales. De esta forma construyó cinco escuelas –todo un record-, siendo estas: "Miguel Hidalgo", "Profesor Gregorio M. Solís", "Félix U. Gómez", "Toribio Benavente" y "Francisco I. Madero". Adquirió para el Municipio el Rastro; se levantó la Colonia del Policía; se inició el magnífico Hospital General, se construyó un Supermercado y una estación de Bomberos. Por primera vez se estableció el servicio de radio-patrullas y declaró guerra a muerte a los narcotraficantes a quienes odiaba de corazón, a tal grado que el propio Gobernador de Washington le mandó un reconocimiento a su labor. Ciudad Juárez disfrutó durante su gobierno la más completa seguridad.

Hasta nuestros días perduraban sus obras. Fue él quien construyó el Puente Libre sobre el Río Grande permitiendo años más tarde que éste se convirtiese en una nueva vía de acceso, sin pago de peaje en doble sentido hacia Estados Unidos.

Fue él también quien -utilizando medios poco ortodoxos- levantó el edificio originalmente destinado a la Escuela de Mejoramiento Social de Menores (actualmente el Instituto Tecnológico de Ciudad Juárez, gracias a la visión de Adolfo López Mateos).

Faceta oculta fue su filantropía, pues jamás negó ayuda a quienes se la demandaron. Sus funerales han sido de los más concurridos que en esta frontera se tengan memoria.

CAPÍTULO XVII

La Segunda Guerra Mundial

Antes de disolverse las últimas sombras de la madrugada del 1 de septiembre de 1939, en Europa los aviones de la Luftwaffe surcaron los aires, en tanto la poderosa máquina bélica alemana entraba en Polonia para desatar la más grande guerra que la humanidad haya conocido.

En Ciudad Juárez desde las ocho de la mañana la radio empezó a esparcir la noticia. Ese día empezó una gran mortandad que no concluyó sino después de cinco años. Las consecuencias para nuestra frontera fueron empero inmediatas: el gobierno de Washington comprendió desde luego que era grande la posibilidad de, aún contra de su voluntad, verse involucrado en el conflicto casi mundial. Su primera providencia ·que de inmediato se sintió en nuestra ciudad· fue suavizar el trato a los mexicanos. Además Estados Unidos salió de la depresión de 1929 y entró a una fase de "pre-guerra" reactivándose su economía y miles de puestos vacantes empiezan a ser ocupados por juarenses y otros mexicanos que vivían al sur de la frontera.

1940. En Europa a raudales corre la sangre. Alemania ataca a Noruega, Dinamarca, Luxemburgo, Holanda y Bélgica. Italia declara la guerra a Inglaterra,

Francia y Grecia; Hungría y Rumania se unen a Alemania. A excepción de Suiza, Suecia, Irlanda y España, todo el continente estalla en llamas.

El domingo siete de diciembre de 1941 amaneció fresco, pero soleado. Había sido anunciado un magnífico cartel en la Plaza de Toros. A las ocho de la mañana la radio empezó a dar la terrible noticia: Japón, estaba atacando la base naval norteamericana de Pearl Harbor obligándolo a participar en la ahora guerra mundial. Por lo pronto en nuestra ciudad se suspende la corrida de toros y éstos por lo menos prolongarán un poco más su vida, mientras al norte del Río Grande se transforma toda la economía: las fábricas de automóviles se convierten en productoras de tanques, jeeps y camiones militares, mientras se hace urgente llamado a todos los hombres para formar filas destinadas a los campos de batalla ya en Europa o en Asia.

Cientos de juarenses que vivían al sur o al norte de nuestro río se dan de alta en el ejército americano, al igual que miles de mexicanos que vivían en nuestro país o residían en Estados Unidos. Muchos de ellos alcanzaron medallas por su valor en acción.

Se hubo de cubrir las cuatrocientas mil bajas, más los espacios vacíos en el campo y en las ciudades. Por otra parte Estados Unidos requirió de materiales estratégicos como petróleo, acero, plomo, hule y productos alimenticios para su ejército.

A nosotros nos envolvió la conflagración: por una parte se incrementó exponencialmente la venta de petróleo y materiales estratégicos a los Estados Unidos,

160

quienes racionaron la gasolina para uso privado. Además organiza el escuadrón 201 con pilotos mexicanos, entre los cuales se hallaban algunos juarenses como el conocido capitán José María Hernández, para entrar en acción en el Pacífico. Finalmente se permitió a miles de mexicanos alistarse en los estados Unidos.

En Ciudad Juárez el comercio dio un vertiginoso salto. Conocidísimos hombres de negocios montaban cinco llantas nuevas para venderlas en El Paso, trayéndose otras viejas y haciendo varios viajes cada día. Las cantinas locales se abarrotaron de soldados de Fort Bliss, quienes en sus licencias venían a divertirse, ante el incierto porvenir que les aguardaba. Fue en suma, una era de auge que se prolongó durante la década de los cincuentas y sesentas en que México vivía el llamado "desarrollo estabilizador".

Nuestra urbe se convierte durante la segunda guerra mundial en una ciudad bulliciosa, alegre, pletórica de cabarets, buenos restaurantes donde se inventa la famosa bebida "margarita", a donde vienen no sólo los militares de "Fort Bliss", sino esposas aburridas y también los científicos que en "Top secret" trabajan en el proyecto "Manhattan".

Aquella madrugada de los primeros días de agosto la "súper fortaleza" volante despegó en el más absoluto secreto de una escondida base. Con los primeros rayos del sol avista el piloto la costa del objetivo. Se acerca a la tranquila ciudad y a la convenida altura libera la más terrible bomba que haya conocido la humanidad. En un segundo desaparecen más de noventa mil seres humanos y muchos otros morirán en los próximos días a secuelas de la intensa radiación. La humanidad ha entrado a la era atómica.

CAPÍTULO XVIII

Etapa de Prosperidad

Los Ángeles, California; agosto de 1945. Son las cinco de la tarde. Repentinamente empiezan a sonar todas las sirenas y los cláxones de los automóviles. La gente se abraza y en los bares se declara "barra libre". Exactamente el mismo espectáculo se produce en El Paso, Texas y en Ciudad Juárez. Japón se ha rendido. No habrá más partes militares de "muerto en acción".

Nuestra frontera continuará su senda de prosperidad durante un cuarto de siglo más. Algunas veces los gobernadores sucesivos del Estado apoyan diversos programas de gran alcance social; otras veces empero, sólo contemplan a la frontera como al mitológico plumífero de los áureos blanquillos. De lo que no hay la menor duda es que cuando hemos tenido buenos presidentes -como en el lapso de 1954 a 1976- de más de 22 años con la paridad fija a 12.50, entre Adolfo Ruiz Cortínez, López Mateos y Díaz Ordaz, el desarrollo de Ciudad Juárez fue verdaderamente impresionante.

Sin temor a equivocarse, puede afirmarse que Ciudad Juárez tuvo un crecimiento económico bastante elevado desde Lázaro Cárdenas hasta Gustavo Díaz Ordaz. Aún hoy día hay quien recuerda aquel 20 de mayo de 1939, cuando el hombre de Jiquilpan, un año después de la histórica expropiación petrolera, pisó nuestra frontera, siendo recibido con un entusiasmo pocas veces expresado, para inaugurar la Escuela Revolución, la cual hoy día continúa dando espléndidos frutos. Su innata sencillez le ganó el cariño de todo el pueblo juarense – y de México ·. Para ese entonces ya se contaba con una línea urbana de camiones, los cuales hacían su recorrido a San Lorenzo, San José y Senecú.

Manuel Ávila Camacho es recordado en esta frontera por el magnífico desempeño económico –cero devaluación· lo que para la frontera constituyó el mejor aliciente para el desarrollo del comercio. Otro de los grandes logros de enorme repercusión fue la creación del Instituto Mexicano del Seguro Social, que tantos beneficios ha procurado a las clases bajas. Además se le recuerda por el enorme apoyo a la educación por su programa nacional de la alfabetización de los adultos.

Miguel Alemán Valdez fue un carismático candidato a la Presidencia de la República y quien con su famosa sonrisa abierta y carácter típicamente veracruzano se supo ganar a primera vista la simpatía de la ciudadanía. Fue el primer ciudadano civil después de muchos años y su más tangible beneficio para nuestra ciudad probablemente fue la construcción de la carretera Panamericana que une a nuestra ciudad con Guatemala. Además le imprimió un gran impulso a la educación levantando la Ciudad Universitaria más grande del mundo a donde concurrieron estudiantes de todos los rincones del país.

Indebidamente se dice que reprimió la libertad de expresión, cuando él mismo festejaba a los cómicos del teatro "Blanquita" con sus irreverentes versos:

Adivinanza:
"Nombre de Arcángel
Apellido teutón
Sonrisa colgate
Oficio ladrón"

Festejados a carcajada batiente por el "respetable público" de aquellos años.

Por lo demás, proverbial fue el afecto que le profesó a incontables chihuahuenses como Teofilo Borunda, Tomás Valles, Antonio J. Bermúdez, Eugenio Prado, Oscar y Carlos Soto Maynez; y muchísimos más con los cuales se dio el lujo, siendo Presidente de invitarlos a cacería de venados en la Sierra Madre. Bajo el más estricto apego a la verdad debe Ciudad Juárez reconocerle al Presidente Alemán la creación del turismo internacional, que tánto bien continúa haciendo al país entero.

Don Adolfo Ruiz Cortínez empieza a ser reconocido como uno de los grandes Presidentes de México. Quizá su mejor logro ha sido establecer al principio de su mandato la más larga etapa de estabilidad cambiaria del México Independiente –más de veintidós años· al fijar la paridad del peso a 12.50, gracias a la cual Ciudad Juárez y El Paso constituyeron una sola conurbación económica. Su éxito económico sin duda se debe al combate a la corrupción y al régimen de genuina austeridad que le imprimió a su gabinete, poniendo personalmente él el ejemplo. Su sobriedad contrasta visiblemente con algunos de sus sucesores.

Muy probablemente el más querido Presidente del siglo XX se llamó Adolfo López Mateos. Dotado de un enorme atractivo personal, Ciudad Juárez le es quintuplemente deudora:
1. Recuperó El Chamizal
2. Construyó el ferrocarril que sale de Cd. Juárez y llega a la capital del Estado, desembocando en Topolobampo.
3. Creó el Instituto Tecnológico de nuestra frontera.
4. Crea el Programa Nacional Fronterizo.
5. Abre el "Puente libre" (de peaje) a El Paso, Tx.

Ciudad Juárez, Ojinaga y la Ciudad de Chihuahua tienen una deuda imprescriptible con un nombre desconocido: Alberto Owen. Fue él el primer ser humano que soñó con la salida al mar de estas tres ciudades mediante el ferrocarril que debería llamarse Kansas City, México y Oriente y atravesando las extensas planicies del sureste norteamericano, poblado por miles de impasibles bisontes, llagaría a Ojinaga y cruzaría el desierto para reunirse con su colega que saldría a su vez de El Passo del Norte y desde la capital del Estado realizan la hazaña de cruzar la majestuosa Sierra Madre Occidental hasta llegar al paradisíaco puerto de Topolobampo. Esta proeza sólo es comparable a la de Fernand de Lesseps al construir el canal de Suez.

El siglo XIX contempló admirables realizaciones empresariales gracias a la eclosión bancaria y conformaría la fisonomía industrial de nuestro mundo con las redes ferroviarias que envolvieron el planeta elevando los niveles de vida del hombre en ambos hemisferios.

El veinte de noviembre de 1960, hemicentenario de la Revolución, el sueño de Owen fue cristalizado por Adolfo López Mateos. Quien le contagió de este estupendo proyecto ·ya en marcha· fue Don Adolfo Ruiz Cortínez, a su vez influido por un chihuahuense: Don Tomás Valles.

A la impresionante majestad de la Sierra Madre Occidental se adhiere la admirable obra científica de los ingenieros mexicanos, quienes además contaron con la valiosa ayuda de los hacheros Tarahumaras, quienes hicieron los durmientes necesarios para llevar a cabo esta colosal obra – "propia de romanos" – según expresión de los europeos que la han disfrutado.

A pesar de los fatales accidentes en que Tarahumaras fueron víctimas en su construcción, el éxito finalmente abrió las puertas de una prosperidad que apenas hoy se encamina al porvenir.

Tradicionalmente Ciudad Juárez, como frontera no se ha distinguido por la belleza de su entorno. Más bien fue construyéndose sin planeación, improvisadamente. Generó muchos recursos, que invariablemente viajaban hacia el sur, pero usualmente sufrió de abandono, tanto del gobierno estatal, como del federal.

López Mateos decidió acabar con este esquema creando el Programa Nacional Fronterizo para darle un aspecto digno y estético, no sólo a nuestra Ciudad, sino a toda la frontera norte de México. Así se construyeron edificios modernos, funcionales para albergar la Delegación de la Secretaría de Gobernación, para atender a los turistas extranjeros, así como museos de antropología y arte; y teatros para llevar la cultura a todos las capas de la población, con lo cual puede afirmarse sin exageración que se cambió la fisonomía de nuestra población con esta cirugía facial. Debe mencionarse que el mismo tratamiento se aplicó a otras fronteras, como Tijuana, Mexicali, etc.

Impartía el autor de estos renglones cátedra de Introducción al Estudio del Derecho en la Escuela Técnica #21 cuando el director profesor Ramón Rivera Lara me llamó:

"El Presidente viene a Ciudad Juárez y nos concede audiencia. En este momento díctele a Esperancita una carta a nombre de los muchachos pidiéndole un Instituto Tecnológico para Ciudad Juárez, que tanto se necesita".

De inmediato se redactó el documento diciéndole al Presidente que la juventud estudiosa de la frontera al concluir su preparatoria se encontraba en una triste disyuntiva: o bien truncaban sus estudios para ponerse a trabajar o emigrarían a Estados Unidos a proseguir la carrera, en cuyo caso lo más probable sería que jamás volviesen a México.

Los alumnos le presentaron el documento al licenciado López Mateos, quien después de leer el mismo contestó:

"Miren muchachos, no se imaginan el gusto que me da recibir peticiones como ésta. Además les agradezco la idea que me acaban de dar. Haremos una cadena de Institutos Tecnológicos en toda la frontera norte para evitar la pérdida de lo más valioso de nuestra juventud.

Si ustedes me invitan vendré a la inauguración, pues lo primero que haré a mi regreso será dar las instrucciones para empezar a trabajar de inmediato en este proyecto, el cual debe concluirse en mi mandato".

No pudo asistir el 28 de noviembre de 1964 a la inauguración, pero en esa memorable fecha se pronunciaron las siguientes palabras:
"Una vez más nos congregamos ante el ara sagrada de la idea como en el milenario decurso de la humanidad, la afinidad de intelectos se reunía en el Jardín de Academo para producir bajo aquel maravilloso cielo mediterráneo el pensamiento más diáfano y profundo conocido por nuestra cultura.

Hoy asistimos con inmensa devoción a este templo de la ciencia, valorando aún más este momento en cuanto que sabemos de el que es el resultado del esfuerzo tenaz y persistente de la tarea modesta e ingrata de un hombre, un maestro y un soñador que algún día en las cotidianas conversaciones por estrechas y crepusculares calles nos contagiara su entusiasmo invitándonos a beber con él en el mismo cáliz de sus ilusiones cristalizadas hoy, tan sólo debido a que la idea del profesor Ramón Rivera Lara fuera un día recogida por la finísima sensibilidad del señor Presidente de la República para devolvernos esa idea convertida en esta realidad, por lo que hoy los hombres de libre criterio debemos guardar nuestra sincera gratitud a la comprensión del señor licenciado Adolfo López Mateos.

A usted señor profesor Don Ramón Rivera Lara, sé que es este el día más dichoso de su existencia, pues no hay mejor felicidad que la satisfacción de contemplar la obra realizada. Que este día luminoso continúe esparciendo su luz de estímulo y de entusiasmo en las horas ingratas de fatiga y desolación, disipando así los primeros conjuros de las sombras de la amargura y la decepción.

A ustedes, alumnos de este santuario a Minerva, debo recordarles que hace 90 años otro inolvidable Ministro de Educación, Justo Sierra, inaugurando con su presencia una modesta escuela primaria hacía saber al estudiantado que somos en comparación del Universo, una molécula intangible, cuyo perfil incierto percibimos de noche en el firmamento; vapor de mundos arrebatado en el cosmos por el torbellino del movimiento eterno. Pero que así como la luz enciende todos los espíritus, y con esa luz se iluminan los abismos, los espacios, el más allá de la tumba y esa gran mentira que se llama muerte, y ese gran espectro que se llama la materia.

Ahora, sin embargo, vosotros debéis continuar por el mismo sendero polvoriento por los siglos seguido antaño por Arquímedes, Copérnico, Lavoisieur, Mendeleiev, Marconi y Minkoski, mas vuestro panorama y vuestras metas serán diversas, en tanto que el hombre actual a fuer de haber cultivado la tea de la sabiduría, ésta en pago ha brillado con nuevos fulgores permitiéndole ver la estructura planetaria del átomo, lo mismo que leer las fórmulas de conversión de la energía en materia y hoy sus resplandores alumbran ya la ruta hacia las estrellas que vosotros habréis de preparar.

Mas jamás olvidéis que por más portentosas que sean las hazañas cósmicas del hombre futuro, frente al amo y señor del Universo, volverá a retumbar con el eco de los siglos desde su tonel, la trémula voz de Diógenes para increpar al hombre ¿y tú pretendes dominar al mundo si no te dominas a ti mismo?. Pues por prodigiosos que fuesen los tesoros encontrados por el hombre, siempre recordad que lo más grande, valioso y sublime de nuestra existencia se halla dentro de nosotros mismos: el espíritu.

Señor representante del señor Ministro: después de vuestra inauguración podréis regresaros tranquilo diciéndole al señor Presidente que su esfuerzo y comprensión no serán vanos, que aquí un pequeño conglomerado de maestros y alumnos se queda salvaguardando este Instituto, mas quedará luchando en el campo de las ciencias experimentales buscando siempre las nuevas y modernas técnicas forjadoras de una sociedad más cómoda y justa, de una patria más rica y grande y en el ámbito de las ciencias sociales porque el hombre alcance la conciencia cósmica de la confraternidad universal dentro del humanismo y la justicia, para así, una vez dominadas sus propias pasiones se lance a la conquista de nuevos mundos".

Después de cuarenta años, aquella débil planta se ha convertido en frondoso árbol cuyos cuantiosos frutos de esparcen hoy en ambos hemisferios, en gran parte gracias a la visión de un Adolfo López Mateos.

CAPÍTULO XIX

El Chamizal

Dos ilustres mexicanos forman el arco de inicio y término del problema de El Chamizal: Benito Juárez y Adolfo López Mateos.

Durante largos milenios a lo ancho del planeta los ríos han servido como frontera natural entre las naciones. A partir del Tratado de Guadalupe ·Hidalgo de 1848, el río grande, desde El Paso, Texas hasta su desembocadura en el Golfo se convirtió en el lindero entre Estados Unidos y México. Generalmente los ríos siguen el mismo curso; pero no siempre así sucede. Una gran tormenta puede aumentar su caudal y su fuerza torrencial le hace cambiar abruptamente su itinerario. Precisamente esto fue lo sucedido con el río grande. En 1827, seis años después de la consumación de la independencia de México, Don Lorenzo del Barrio compra a Ricardo Bruselas una porción de terreno a su vez obtenido mediante contrato de compra-venta al teniente de Caballería y simultáneamente Gobernador Político y Militar de la Villa de Nuestra Señora de Guadalupe del Passo del Río del Norte, Don José Ogaz.

Algunos años más tarde, el destino dispuso que el símbolo de la patria peregrina, encarnada por Benito Juárez durante la usurpación francesa, se refugiase en

173

esta remota región del país. Al contemplar el tranquilo decurso del río grande, el benemérito es informado del violento cambio de cauce durante las torrenciales lluvias del verano de 1864, dejando la zona denominada "El Chamizal" del lado norte, por lo cual ordena al Lic. Sebastián Lerdo de Tejada, Secretario de Relaciones Exteriores, se dirija a la Delegación Nacional en Washington, para hacer la pertinente reclamación.

En una histórica epístola ·ya famosa· había Juárez expresado su criterio dirigiéndose a su embajador en Washington: "... que el enemigo nos venza y nos robe si tal es nuestro destino, **pero nosotros no podemos legalizar ese atentado, entregándole voluntariamente lo que nos exige a la fuerza. Si la Francia o los Estados Unidos se apoderan de nuestro territorio y por nuestra debilidad no podemos arrojarlo de él, dejemos siquiera vivo nuestro derecho para que las generaciones que nos sucedan lo recobren**. Malo sería dejarnos desarmar por una fuerza superior, pero sería pésimo desarmar a nuestros hijos privándolos de su buen derecho, que más valientes, más patriotas y sufridos que nosotros, lo harían valer y sabrían reivindicarlo algún día".

Durante el mes de julio de 1873 se produce una segunda avenida, dando lugar al nacimiento de la llamada "Isla de Córdova" y dejando otra porción de terreno mexicano al norte del río, lo cual origina la nota enviada por José María Lafragua, Secretario de Relaciones Exteriores del Presidente Lerdo de Tejada, apoyada por declaraciones del Cónsul mexicano en Franklin (hoy El Paso), Don Mariano Samaniego, quien expresa: "... la actual creciente es tan grande que los antiguos moradores no recuerdan haber visto otra igual y el agua corre por dentro de la población con gravísimo peligro de ser dividida en dos partes, atravesando por los barrios Mejía, Romero y Díaz para desembocar entre El Real de San Lorenzo y el pueblo de Senecú".

Don Pedro Ignacio García continuó trabajando su heredad, si bien hubo de sufrir la actitud hostil de ciudadanos americanos, quienes le obstaculizaron su labor. A diferencia de otros mexicanos tenazmente rehusó ofertas de compraventa y en lugar de aceptarlas, el 23 de enero de 1894 presentó un escrito al Jefe Político de Ciudad Juárez, siendo éste el primer documento de reclamación que después de muchas décadas habría de culminar con la devolución de El Chamizal.

En el mencionado curso se lee: "Pedro Ignacio García, mayor de edad, labrador de este vecindario, comparezco respetuosamente ante usted manifestándole que en el año de 1818 fueron adjudicados por el teniente de Caballería y Gobernador Político de El Passo del Norte..." y en su parte medular agrega: "... la cual estuve poseyendo por medio de mi arrendatario Don José Acosta hasta el año de 1873 en que a consecuencia del cambio brusco y repentino de la corriente del mencionado Río Bravo, quedó de hecho aquel terreno al otro lado de dicho río o sea de lo que hoy se llama El Paso, Texas. Desde entonces no me he atrevido a ocupar mi mencionado terreno, temeroso entre otras cosas, de que se me siguiera algún perjuicio personal por parte de algunos norteamericanos, que suponiendo parte del territorio de los Estados Unidos de Norteamérica, pretendían ocuparlo y además porque no sabía a ciencia cierta a que Gobierno debería yo reconocer como soberano de él, para el pago de contribuciones".

"Los hechos que he relatado constan en los documentos que en tres fojas útiles presento y para comprobar los que se refieran al cambio repentino del curso del río e identificar el terreno en cuestión, ruego a usted se digne recibir, por medio de la autoridad judicial correspondiente, el testimonio de los señores nombrados en los interrogatorios adjuntos, vecinos de esta ciudad, examinándolos a su tenor y hecho esto, se sirva usted de pasar este curso, los documentos que presento, la información testimonial solicitada a la Comisión Internacional de Límites de conformidad con el Artículo VIII de la Convención entre México y Estados Unidos de fecha 1 de marzo de 1889, para que ella se digne resolver según lo estipulado en las cláusulas II y III de la Convención de 1884, a cuál de las dos naciones pertenece el terreno de que se trata y cuales son las acciones que a virtud de su resolución me competen. Es justicia que pido con la protesta necesaria. Ciudad Juárez, enero 23 de 1894.
Firma: Pedro I. García".

En seguida presentó un interrogatorio al tenor del cual deberían declarar los señores Gregorio Herrera, José Provencio, Mónico Benavides y Marcelo Arniyo, por medio de quince preguntas con el fin de comparar la localización del terreno y la impetuosidad de la corriente de 1873.

A su vez el Jefe Político turna el escrito al C. Juez de Primera Instancia del Distrito Bravos a fin de recibir la diligencia y se devolviese el expediente completo.

El día 6 de febrero de 1894 se notifica al Sr. licenciado Felipe Seijas, en su carácter de agente del Ministerio Público del auto a que se hace referencia y al siguiente día se inicia la presentación de los testigos. El 13 de febrero el juzgado remite en quince fojas útiles el expediente a la Jefatura Política.

A solicitud del señor Pedro Ignacio García el C. Jefe Político remite la documentación al Comisionado Mexicano de la Comisión Internacional de Límites, señor Francisco Javier Osorno, quien la recibe y clasifica como caso número 4 de El Chamizal. La Comisión de Límites se había establecido en 1889 y no existían antecedentes ni resoluciones previas al presentarse esa reclamación, que habría de prolongarse muchos años y adquirir revuelo internacional.

El abogado yucateco en un estudio histórico sobre el tema, licenciado Clemente Bolio expresa: "surgió entonces la primera reclamación formal, concreta, insistente, patriótica y cívica, y le llamamos así, porque entonces, mucho peor que ahora, todavía cerca del triunfo de las armas americanas sobre las nuestras, los señores vecinos estaban muy sobre sí, y aquí cabe aplicar la frase histórica de ¡Vae Victis! que comprueba el hecho de que el autor de la reclamación tuvo que insistir ante muchas autoridades para que al fin fuera turnada y se le diera curso".

Varios años después una afortunada coincidencia aparece a favor de México: Enrique Clay Creel, brillantísimo abogado y empresario chihuahuense, es designado por Don Porfirio Díaz embajador de México en Estados Unidos. El 23 de julio de 1908 envía a Don Pedro García la siguiente epístola:

"He recibido el memorial de usted, fecha 17 del corriente, en que se sirve hacer presentes ciertos derechos sobre algunas propiedades existentes en El Paso, conocidas con el nombre de "El Chamizal No. 4"

"En respuesta manifiesto a usted, que ya tomo nota de dicho documento para hacer las gestiones necesarias en su oportunidad".

"De usted atento S.S."
"Enrique Creel"

Habiendo sido un magnífico gobernador y hombre excepcionalmente inteligente, Creel le plantea el problema a Don Porfirio Díaz, quien presumiblemente le expuso éste al Presidente Taft, en la célebre entrevista en la cual precisamente Don Enrique Creel sirvió como interprete; y ante la negativa del mandatario norteamericano, el héroe del 2 de abril ordenó se interpusiera la demanda ante el Tribunal Internacional de la Haya.

El 24 de junio de 1910 se celebró el Convenio de Arbitraje en la ciudad de El paso, Texas; conforme al cual sería un Tribunal de Arbitraje quien resolvería el caso, integrado por un juez norteamericano, uno mexicano y un tercero siendo éste un jurista canadiense.

Después de diez y seis años de insistente lucha, Don Pedro García a punto estuvo de contemplar el éxito; sin embargo, en enero de 1911 fallece y serán sus herederos quienes prosigan las patrióticas gestiones. Mientas tanto el Estado de Chihuahua estalla en las llamas de la Revolución.

Cinco días después que Pascual Orozco y Francisco Villa tomaran Ciudad Juárez, se instala en El Paso el Tribunal de Arbitraje en la siguiente forma:

Presidente:
Doctor en derecho Eugenio Lafleur, canadiense

Comisionado Americano:
General Anson Mills

Comisionado Mexicano:
Fernando Beltrán y Puga, ingeniero

Agente del Gobierno Mexicano:
Lic. Joaquín D. Casasús

Abogado Americano:
Richard F. Burgues

Abogado Americano:
Walter B. Grant

Abogados por parte de México:
William J. White y Saymour Thurmond

Un mes duró el juicio arbitral, durante el cual ambas partes presentaron sus respectivas pruebas y alegatos y finalmente el 15 de junio de 1911 se emite el laudo diciendo en su parte conducente:
"...Atendiendo todo lo cual, el Comisionado Presidente y el Comisionado de México, representando una mayoría en la expresada Comisión, SENTENCIAN y DECLARAN: que el DOMINIO EMINENTE sobre aquella

parte del territorio en El Chamizal levantada por Emory y Salazar en 1852 y la línea media del cauce del mismo río, tal como existía en 1864 antes de las avenidas de ese año, pertenece a los Estados Unidos de América y que el domino eminente del resto del mencionado territorio pertenece a los Estados Unidos Mexicanos. El comisionado Americano disidente del anterior laudo. Fechado en El Paso, Texas; el día 15 de junio de 1911 y firmado por E. Lafleur, Anson Mills, F.B. Puga".

Conforme al texto del laudo el cumplimiento debería llevarse a cabo "dentro del plazo improrrogable de dos años", o sea el 15 de junio de 1913. El zarpazo asesino de Victoriano Huerta se dio antes de que se cumpliese el lapso anterior y México nuevamente volvió a empaparse de sangre fraticida. Villa se escapa de la prisión de Santiago Tlaltelolco y se refugia en El Paso, días antes del magnicidio de Madero, por cuya razón cruza el río grande para formar la División del Norte.

Así fueron transcurriendo los años. Doña Beatriz Azcárate de García es designada albacea de la sucesión a bienes de Don Pedro Ignacio García. Por su parte en enero de 1925 fallece la viuda de Pedro Ignacio García y es designado albacea de la sucesión Raymundo Santiago García quien le recuerda al gobierno federal ·que ya se había olvidado del caso· el laudo emitido por Eugenio Lafleur, en abril de 1941, o sea en los precisos momentos en que Japón empezaba a planear el ataque a Pearl Harbor, el cual se realizó meses más tarde.

Con la segunda guerra mundial en todo su apogeo, impertinente hubiese sido del gobierno ocuparse de un asunto tan trivial en comparación a los millones de seres humanos que estaban entregando sus vidas en los campos de Europa y Asia.

Duerme el sueño de los justos el caso de El Chamizal. Acaso el maestro César Sepúlveda lo expone en su elocuente cátedra de Derecho Internacional Público de la Facultad de Derecho en la Universidad Nacional Autónoma de México.

Llega a la presidencia Adolfo López Mateos, hombre inteligente y culto y se despierta del larguísimo letargo el asunto: "la Secretaría de la Presidencia de la República tornó a la de Relaciones Exteriores el telegrama que con fecha 19 del mes próximo pasado dirigió usted al señor Presidente de la República solicitando a Estados Unidos se tratase el caso de El Chamizal para su solución y arreglo. Me complace dar a conocer a usted el contenido textual del punto 13 de la declaración conjunta de ambos presidentes: "los dos presidentes discutieron el problema de El Chamizal, convinieron en dar instrucciones a sus órganos ejecutivos para que recomienden una solución completa de este problema que sin perjuicio de sus posiciones políticas tome en cuenta toda la historia de este terreno".

Renace la esperanza con esta declaración. Afortunadamente a la Casa Blanca llega John F. Kennedy y se establece una fuerte corriente de mutua simpatía entre ambos mandatarios, lo cual claramente quedó evidenciado durante la visita del Presidente norteamericano a la ciudad de México, quien por vez primera en la historia asiste a la Basílica de Guadalupe, donde oye misa y comulga. El ambiente político fue pues, altamente propicio.

El 18 de junio de 1963, desde el Palacio Nacional, Adolfo López Mateos se dirige a la nación para declarar:

"Comparezco hoy ante ustedes para anunciar que tanto el señor Presidente Kennedy como yo hemos aprobado las recomendaciones de la Secretaría de Relaciones Exteriores de México y del Departamento de Estado de los Estados Unidos de América para solucionar el viejo problema de El Chamizal".

"El área del Estado de Chihuahua y en especial de Ciudad Juárez se verá acrecida en una superficie de 177 hectáreas que fue, según los cálculos técnicos más fidedignos, la porción asignada a México en la sentencia del Tribunal de Arbitraje".

"A este respecto es indispensable que la opinión pública mexicana tenga una idea clara sobre los dos aspectos de la cuestión que, si bien se complementan, son independientes entre sí".

"Primero: el área de El Chamizal se nos devuelve íntegramente conforme al arbitraje, sin compensación ni contra partida de ninguna especie. Es decir, México recibirá, ni más ni menos, las 177 hectáreas que lo componen".

"Segundo: el canje de 78 hectáreas de territorio mexicano que pasará a Estados Unidos, como consecuencia de la nueva localización del cauce del río se realizará, por lo que respecta a México, en la parte norte del Corte de Córdova, y por lo que a los Estados Unidos se refiere, al este del referido Corte".

Es así como tendremos, sin solución de continuidad, 333 hectáreas que se integran en la siguiente forma: 156 hectáreas que son la superficie de El Chamizal mexicano".

Por otra parte el propio mandatario reconoció: "... es de más estricta justicia recordar que fue precisamente el presidente Juárez quien instruyó a Matías Romero para que llamara la atención del Gobierno Americano sobre desprendimientos bruscos de tierras mexicanas".

Otros problemas fueron técnicamente resueltos: la rectificación del cauce del río, así como 382 construcciones que pasarían intactas a México, además aproximadamente 3,750 personas residían en los terrenos afectados. Es de la más elemental justicia reconocer que Kennedy tuvo toda la voluntad de concluir este problema; sin embargo, antes de hacerlo, alguien lo acechaba en Dallas.

El 22 de noviembre de 1963, a las 12 horas el Presidente Kennedy es mortalmente herido por varias balas en el corazón de Texas. Horas después, en pleno vuelo y por primera ocasión en la historia universal, recibe el mando Lyndon Baynes Jonson. Por haber nacido en Texas conocía bastante bien México y no sólo eso, sino continuó con la misma magnífica disposición de su antecesor, prosiguiendo los trámites y expresando que el gobierno federal estaba dispuesto a pagar alrededor de 18 millones de dólares para cumplir las bases como compensación a los 382 propietarios de inmuebles dentro de la zona disputada, conforme al avaluó hecho por el perito mexicano Oscar A. González.

De esta manera el gobierno mexicano anuncia: "el día 28 de octubre de 1967, Mr. Lyndon B. Jonson, Presidente de los Estados Unidos de América, en representación de su país, reintegrará a México los terrenos de El Chamizal, en un acto que honra y enaltece al pueblo que gobierna el licenciado Gustavo Díaz Ordaz, Presidente de México, recibirá con honor a nombre propio y de la nación entera ese territorio que siempre nos perteneció por derecho".

Al autor de estas líneas le tocó la histórica oportunidad de asistir a la entrega de El Chamizal, así como asistir en la ciudad de El Paso, Texas al banquete en honor de ambos presidentes: Sr. Lyndon Baynes Jonson y Gustavo Díaz Ordaz. Estados Unidos y México se hallaban en la cúspide económica y social.

Culminó de esta forma la más brillante fase de la trayectoria diplomática de México.

Pero, "¡ay!" viene ahora la parte más triste, obscura y mezquina de lo que debió ser una gloriosa página para nuestro país. El Chamizal se devolvió, empero ¿qué pasó con los herederos de Pedro Ignacio García?

Buena voluntad existió mientras los Pinos fueron habitados por Gustavo Díaz Ordaz.

A las múltiples gestiones realizadas, correspondió una declaración de la Dirección General Jurídica de la

Secretaría del Patrimonio Nacional dictaminado en diciembre de 1965.

Dados los antecedentes del caso y los documentos que se han tenido a la vista, así como los tratados internacionales a que se ha hecho mención, esta Dirección estima:

"Que el señor Raymundo García ha comprobado debidamente ante esta Secretaría su personalidad por sí y como albacea del señor Pedro I. García".

"Que procede la reclamación que presentó el señor Pedro García sobre los terrenos situados en El Chamizal, que con motivo del último tratado fueron nuevamente incorporados al Territorio Nacional".

A su vez el licenciado Ignacio García Téllez en el ejemplar 122 de "Documentos para la Historia de un Gobierno" dice:

"¿Cuál va a ser la suerte de los derechos de propiedad privada en los terrenos ubicados en las porciones reivindicadas de El Chamizal?, ¿qué basta una convención o un tratado internacional para transferir en plenitud de propiedad a un Estado contratante la propiedad de los terrenos transferidos sin la expropiación por causa de utilidad pública y mediante la indemnización ordenada por el artículo 27 constitucional?, ¿qué de acuerdo con las garantías de los artículos 1, 14, 15, 16, 17 y 29 de la Constitución puede desconocerse un derecho real o una propiedad privada por un tratado internacional?. Las garantías individuales no pueden suspenderse por ningún tratado o convención internacional; en estos casos la propia Constitución otorga a los particulares afectados la vía de amparo constitucional".

De esta manera el ingeniero Pedro N. García Martínez inició un verdadero vía crucis burocrático a partir de la toma de posesión del presidente Echeverría: viajes a la ciudad de México, antesalas vejatorias y lo más triste, lo más deprimente, observar cómo se rebaja la dignidad de un Presidente de la República al nivel de argucias de leguleyo cuando responden de manera antijurídica, inmoral ·y porque no decirlo· francamente estúpida, alegando para no pagar lo justo "que los derechos de la sucesión de Pedro Ignacio García ya prescribieron". Los sucesores de Echeverría no han mostrado mayor calidad moral.

La actitud de los últimos gobiernos federales se asemejan a aquellos abogados sin escrúpulos que después de un cobro judicial, se quedan con el dinero de su cliente.

¡Que lejos ha quedado la grandeza de un Juárez y de un López Mateos!.

CAPÍTULO XX

Luces y Sombras

El historiador debe tener siempre presente la célebre frase de Aristóteles: "soy amigo de Platón, pero más lo soy de la verdad". De esta forma ·por doloroso que sea· debe dejar consignado para la eternidad el capítulo sombrío de una patria otrora alegre, próspera, ingenua y con altos niveles de satisfacción, siendo hundida en la angustia e infelicidad por la torpeza, soberbia o avaricia de sus malos gobernantes.

A groso modo se puede afirmar que Ciudad Juárez ha estado bien, cuando el peso ha estado bien. Así durante el sexenio de Manuel Ávila Camacho, la paridad dólar-peso no se movió un sólo centavo. Nuestra urbe progresó. Otro tanto acaeció durante los regímenes de López Mateos y Díaz Ordaz. Empero, de ninguno de sus sucesores hasta hoy día, puede decirse lo mismo.

Los lectores de "El Fronterizo" se quedaron estupefactos con la fotografía y la nota: un policía recibe suero en la "Cruz Roja". La primera impresión es que fue herido. Pero no, la causa es otra: ¡hambre!, sí, ha leído usted bien ¡hambre!. La nota explica: el pobre guardián del orden público ya tenía tres quincenas sin recibir un sueldo. La tiendita de abarrotes de la esquina le fiaba al principio, pero llegó un momento en que se le canceló el crédito y los últimos tres días el infeliz gendarme hubo de someterse a una dieta de café negro y pan.

Todos los empleados municipales escuchaban un brillante discurso de el jefe de la comuna, cuando se corrió el rumor de que habían empezado a pagar las tres quincenas atrasadas y en un santiamén dejaron vacío el auditorio para recibir el tan ansiado cheque. Si usted desea saber el nombre de dicho funcionario, no será el autor quien lo oculte: Humberto Escobar. Irónicamente mi querido y admirado amigo el historiador Armando B. Chávez M. previamente había profetizado: "...se espera de tan alta representación una magnífica labor que acelere el ritmo de progreso y superación de Ciudad Juárez..." etc, etc. Sin embargo, por esta ocasión la profecía lejos estuvo de cumplirse.

En honor a la verdad, Ciudad Juárez ha tenido gobernantes buenos, malos y brillantes. Buen presidente -a secas- lo fue el ingeniero Bernardo Norzagaray. A los malos (ya mencionamos uno) no reproduciremos aquí sus nombres y simplemente los dejaremos hundirse en las procelosas aguas del anonimato.

Otro hubo a quienes la vox populi atribuía estrambóticas preferencias sexuales. Un día me ví obligado a tratar un asunto oficial con él. Traté en vano de convencerle de la procedencia de mi solicitud y a falta de argumentos me dice:
- Licenciado: Póngase usted en mi lugar.
- Obligándome a replicarle: De ningún modo, Señor Presidente. Prefiero dar por concluida la audiencia.

Infortunadamente, meses después de haber entregado la presidencia falleció víctima de un extraño e incurable mal, lo cual no es óbice para que una de las más importantes avenidas de nuestra ciudad lleve su nombre.

Deber es empero, destacar la labor de quienes han sido sobresalientes funcionarios que personalmente trató el autor. Destaca el licenciado José Reyes Estrada por su ordenado programa, tanto de audiencias al público como su vasta obra en la cual sobresalen la Ciudad Infantil, varias estaciones de bomberos, el Mercado Frontera, la Biblioteca Municipal "Benito Juárez", un sanatorio en Zaragoza, pero sobre todo la Presidencia Municipal actual, toda vez que la anterior era totalmente incapaz de servir para cumplir su función, máxime que con frecuencia llegaban extranjeros a tratar diversos asuntos.

Sobre un terreno de ocho mil quinientos metros bajo la dirección del arquitecto Rafael López Resendiz se levantó un edificio digno, acorde con los nuevos tiempos y el cual fue inaugurado apenas unas semanas antes de concluir su mandato.

Se le debe reconocer también que a diferencia de muchos antecesores y sucesores, invariablemente a las 8:00 a.m. empezaba a recibir a todo el mundo que solicitaba audiencia y que muy seguramente el éxito de su mandato se debió a un excelente equipo encabezado por el secretario del Ayuntamiento, el destacado jurisconsulto Nahúm Nájera Castro y en suma, las personas más idóneas para cada cargo.

No sólo como Presidente Municipal, sino como ser humano, brilla con luz propia Don René Mascareñas Miranda. De él se ha dicho que encarnaba el verso que se le quedó en el tintero a Rudyard Kliping:
"Si contemplar puedes el fulgor de una estrella"
"Sin despegar los pies del áspero suelo".

Al igual que el licenciado Reyes Estrada, a las ocho de la mañana ya se encontraba trabajando en su oficina y recibiendo ·sin excepción· a todas las clases sociales con la misma bonhomía y don de gentes.

Por una parte fue un idealista: se fijó metas altas y las logró. En el terreno práctico de los negocios fue constante, inteligente, prudente y en ocasiones audaz. Si se quiere fue exageradamente puntual en sus citas, al grado de cuando alguien tardaba más de cinco minutos, emprendía otras tareas.

No se recuerdan ningunas elecciones donde ambos contendientes, Alfonso Arronte y René Mascareñas tuviesen cada cual tanta calidad humana y tal don de gentes. Por rara coincidencia, ambos eran sumamente queridos en esta ciudad. Alfonso Arronte fue igualmente un exitoso y humanitario empresario. En su escritorio tenía una foto de su madre, de tan extraordinaria belleza que daba la impresión de ser una artista de cine ataviada para filmar una película antigua. Por si poco fuera, tenía madera natural de líder.

El resultado de tal enfrentamiento, como es natural suponer, fue la más reñida contienda municipal que se haya contemplado en la frontera, con el adicional mérito para Arronte cuanto que como partido, el P.R.I. se encontraba mucho más fuerte, mejor organizado y como si no fuera suficiente lo anterior, el candidato a gobernador era un hombre joven, carismático, magnífico orador, quien ya había hecho estupendo desempeño como el más joven presidente municipal en la historia de la frontera a los veintisiete años de edad: Teófilo Borunda.

Me relata el licenciado Jorge Mena Baca que al hacer el conteo de la votación, los partidarios de ambos candidatos eran presa de gran tensión, pues nadie tenía la certeza de ganar. Finalmente y después de haberse nulificado dos casillas, quedó una diferencia de 555 votos en favor de Don René.

Haber obtenido el triunfo por tan reñido margen, comprometió al triunfador a dar el máximo de sí mismo para justificar su victoria. Incansable fue este presidente municipal desde el primer día entregándose en cuerpo y alma y los resultados no tardaron en producirse: en el renglón educativo y conforme al plan "Chihuahua" del gobernador Teófilo Borunda se abrieron ocho escuelas; se amplió considerablemente la red de agua potable; se construyó la Biblioteca Arturo Tolentino y una de las más benéficas obras fue indudablemente la apertura del puente libre del Corte de Córdova, mediante el cual se podía ya viajar a Estados Unidos sin pagar un sólo centavo ni de ida ni de venida, factor que inmediatamente influyó en el desarrollo comercial de nuestra frontera. A diferencia de muchos otros antecesores y sucesores, Don René inició bien y terminó bien su gestión administrativa.

A diferencia también de otros presidentes municipales, una vez concluido su mandato, continuó incansable realizando una magnífica y filantrópica labor social. Creó la fundación "Margarita Miranda de Mascareñas" a fin de ayudar a jóvenes talentosos sin recursos y no conforme con ello formó con un selecto grupo de amigos y profesionistas encabezados por el ya exgobernador Teófilo Borunda, el destacado oftalmólogo Dr. Jorge A. González, el ilustre historiador profesor Armando Chávez M., el cronista de la ciudad Ignacio Esparza Marín y otros renombrados intelectuales, la Asociación Civil "Juarenses" a fin de continuar realizando una estupenda labor social prolongada hasta el término de su fecunda y admirable vida.

La vida empero, sigue su curso al margen muchas veces de mediocres gobernantes. Como frontera es sumamente sensible a las devaluaciones. Es por ello que Presidentes de la República como Manuel Ávila Camacho, Adolfo López Mateos y Gustavo Díaz Ordaz sentaron las bases para un sano desarrollo del comercio internacional. Feliz época fue cuando los tres niveles de gobierno tuvieron grandes hombres, como en la época de los sesenta al coincidir un René Mascareñas en nuestra frontera, un Teófilo Borunda en el Estado y un Adolfo López Mateos en México.

Infortunadamente no fue siempre así. Otra feliz coincidencia fue al tener aquí al ingeniero Bernardo Norzagaray, al licenciado Oscar Flores en Chihuahua y a Gustavo Díaz Ordaz en México, época en que a pesar de la siempre reprobable masacre de Tlaltelolco, el país alcanzó los más altos niveles de desarrollo económico. Como dato significativo hay que mencionar que en el ramo educativo en este sexenio el Presidente dedicó el

28.2% del presupuesto federal, culminando así un impulso que venía desde Lázaro Cárdenas y estableciendo un record no igualado en nuestra historia.

El treinta y uno de agosto de 1976, como un rayo en cielo despejado cayó sobre la frontera norte una terrible noticia: ¡el peso caía! después de veintidós años de la más perfecta estabilidad cambiaria a $12.50 por dólar, sobrevenía una gran devaluación, llegando días más tarde hasta cotizarse a $26 pesos por dólar.

Muchos negocios quebraron e incontables fueron las familias con deudas en dólares que tuvieron que "apretar el cinturón" sacrificando sus niveles de bienestar. Lo más extraño de todo fue que cuando el Presidente Luis Echeverría aquel 1 de septiembre de 1976 anunciaba la devaluación, el Congreso de la Unión frenéticamente aplaudía la noticia, misma que era recibida en el resto del país con profunda preocupación. Desgraciadamente los sucesores en los Pinos hasta la fecha no han podido frenar la cascada de devaluaciones. Ciudad Juárez empero, ha reaccionado positivamente y a pesar de disparatadas decisiones gubernamentales, no han cesado de progresar.

CAPÍTULO XXI

La Sang Du Diable

Con toda precisión los franceses han acuñado la frase: "la sangre del diablo" para aludir al consumo de estupefacientes que tántos problemas ha causado a la humanidad. Ciudad Juárez no ha escapado a esta lacra.

Su prolegómeno debe ubicarse en la "ley seca" de la década de los veintes en Estados Unidos prohibiendo la fabricación, transporte, importación o consumo de bebidas de contenido alcohólico. Inmediatamente viene la reacción en forma de mercado negro y el nacimiento de la mafia siciliana en los Estados Unidos. Así aparece Al Capone y los demás "capos".

Por quedar limitada la prohibición exclusivamente al territorio norteamericano, empresarios estadounidenses llegaron a nuestra ciudad con todo el equipo técnico necesario y el apoyo financiero de manera que el 15 de enero de 1922 "The Juarez Brewery" abre oficialmente sus puertas al gran público ofreciendo en la inauguración cerveza gratis para cinco mil invitados, quienes sintieron que se les abrían las puertas del paraíso.

El norteamericano Louis J. Morris obtiene la ciudadanía mexicana para instalar la fabrica D. And M.

Distilleries, la cual, como es de esperarse obtiene desde su nacimiento el más rotundo éxito y poco después vende tan floreciente negocio a un inmigrante español, Julián Gómez, quien en pocos años amasa una considerable fortuna gracias a los sedientos "buenos vecinos". En competencia con la anterior se establece la "Waterfill and Frazier Distilling Company" originalmente de Louisville, Kentucky; misma que poco después pasa a manos mexicanas. Obviamente estas empresas eran 100% legales.

Como la cosa más natural del mundo emerge el contrabando. Muchísimos años después un ex-presidente municipal me contaba cómo en aquellos "heroicos días", en la madrugada, en camiones último modelo río abajo cruzaban el Bravo con el inminente riesgo de enfrentarse a la patrulla americana, la cual, al descubrirlos de inmediato les echaba los reflectores "...por lo que no nos quedaba más remedio, cuando se nos atascaba el camión a mitad del río echar mano de las ametralladoras a sabiendas que a cada balazo nos íbamos jugando la silla eléctrica".

Y él mismo una vez que nos cobraba confianza relataba cómo hacía la justicia ·al estilo Pancho Villa· "un día llega un indignado padre de una chamaca de 14 años, violada y asesinada ·clamando justicia· yo le prometí hacerla. Atrapamos al asesino ese mismo día. Por la noche a eso de las 10 de la noche mandé al coronel Rosendo de Anda acompañado de Amador Espinoza Almeraz por el padre. En cuanto llegó nos subimos a una patrulla los cinco rumbo a la "Piedrera"; al llegar bajamos al violador debidamente esposado y al padre de la víctima le dije: "aquí está mi .45, ¡usted mismo truéneselo! a lo que titubeando me dijo: no puedo hacerlo. Entonces le arrebaté la pistola y le metí un balazo al asesino en la cabeza mientras le decía: ¡qué poco hombre es usted! ¡quería justicia, bueno, pues ya la tiene!."

Igualmente contaba que después de innumerables encuentros a balazos con la patrulla americana, optaron mejor invitarlos, darles licor y dinero a cambio de permitir la ilegal importación del tan preciado líquido, el cual alcanzaba en las ciudades del interior como San Francisco, Denver, Kansas o Dallas precios estratosféricos.

Por supuesto esta situación estimuló en las ciudades al sur del río grande la creación de la industria turística aún después de haberse levantado la prohibición. Palenques para peleas de gallos, plazas de toros, hipódromos, coliseos para peleas de box, salones de bailes, casinos, prostíbulos, etc., produciendo con ello un auge económico para toda el área fronteriza. Para completar el panorama, el Congreso del Estado promulga la Ley de Divorcio redactada por el licenciado Enrique González Flores, otorgando todo género de facilidades para liberarse del yugo conyugal dando lugar a que famosos personajes del mundo de los negocios, del deporte y del espectáculo, comparecieron personalmente ante el juez de Primera Instancia a ratificar la demanda de divorcio, cuya sentencia en caso de allanamiento de la parte demandada, o por común consentimiento, sería pronunciada en el término de setenta y dos horas para colmar la dicha del nuevo liberto.

Por otra parte, la enorme diferencia entre los precios de artículos bien hechos en Estados Unidos y los mal hechos ·y caros· fabricados en el sur, así como la prohibición de muchos otros, propició desde aquella década de los veintes la actividad del contrabando, la cual en innumerables ocasiones se llevaba a cabo por violentos medios, mientras en otras, acudiendo a todo género de ingeniosos subterfugios y finalmente apelando a la corrupción de los oficiales de ambos países. La buena voluntad de los dos gobiernos por resolver estos problemas implementando programas como el de "artículos ganchos", si bien han atenuado la situación, no han sido completamente suficientes para erradicarlos.

Hace su aparición en el área fronteriza "la sang du diable", como con todo fundamento se le llamó en Francia al tráfico y consumo de estupefacientes, el cual se ha incrementado por el consumo norteamericano a raíz de la impopular guerra de Vietnam. Toda droga duplica su valor por el simple hecho de cruzar el río grande. Ha generado esta circunstancia la movilización de "empresarios" norteamericanos hacia el sur proveyendo a ejidatarios de Sinaloa, Durango, Michoacán, Coahuila, Tamaulipas y Chihuahua de semilla mejorada de marihuana, así como técnicas modernas de cultivo, financiamiento amplio y clientes cautivos para su consumo en el norte y desde luego vehículos terrestres y aéreos especialmente adaptados para su transporte subrepticio.

Es hoy por hoy la cocaína la droga de moda, cuyos alarmantes niveles de consumo de costa a costa y desde el río Niágara hasta el Grande se ha – fatalmente·

198

incorporado en gran medida al "american way of life" para cientos de miles de seres humanos, trastocando los valores tradicionales de la familia y del hombre, provocando incluso roces entre los respectivos Presidentes del norte y del sur, pues los primeros consideran que sus vecinos no han puesto suficiente empeño en atacar este problema de perfiles internacionales.

Es una realidad que ningún historiador contemporáneo puede desconocer la problemática tremenda, abrumadora y dramática de por una parte las inmensas fortunas, cuyos poseedores, invariablemente personas carentes de cultura ·y de valores· permitiéndose los más estrambóticos lujos, al grado de considerarse la célebre serie cinematográfica "El Padrino", el más fiel documental del México contemporáneo.

Una noche una mujer joven acompañada de un habilísimo ladrón de automóviles ·y por supuesto empedernido drogadicto· observan una camioneta "Cherokee" estacionada: el muchacho en unos cuantos minutos se apodera de ella y jubilosos la echan a andar, en el asiento delantero ha quedado un teléfono celular el cual a los pocos minutos empieza a sonar. El joven contesta: "miren —se escucha una voz serena· quien quiera que ustedes sean se han robado mi camioneta. Pero eso no me importa; se las regalo. No tomaré ninguna represalia. El único favor que les pido es que la maleta que va en la cajuela me la devuelvan".

El joven sumamente nervioso consulta con su compañera con la vista y le pide a su misterioso interlocutor le vuelva a llamar en cinco minutos mientras ellos conciertan la respuesta.

En la segunda llamada es ella quien envalentonada por el previo "pericazo" replica:
- "Mire usted, ya vimos la "mercancía" y los felicito, pues es de primera calidad, colombiana pura. Pero lamento no poder acceder a su deseo porque ya tengo un cliente que me la paga de contado".
- "Muy bien aténganse a las consecuencias".

Se corta así la comunicación. Naturalmente el propietario del mueble y la "mercancía" no se quedó con las manos cruzadas. Inmediatamente entró en contacto con un comandante de la policía judicial -previamente "arreglado"- quien le ofrece intervenir para localizar a los ladrones, pues no es difícil saber quiénes pueden adquirir tan magnífica carga.

Días después los lectores de la prensa quedaron horrorizados al leer la noticia de que se había encontrado una joven mujer terriblemente martirizada en un tambo cuyo cuerpo había recibido grandes cantidades de ácido. Obviamente jamás se dio con el autor de semejante travesura.

Lo más dramático es que ello no es un caso aislado en Ciudad Juárez, como tampoco lo es exclusivo de nuestra frontera, sino a lo largo y ancho del país se produce este insoslayable problema. Por supuesto que por su condición geográfica, nuestra ciudad se presta mucho más que otros para el contrabando de estas substancias ilícitas.

Los funcionarios norteamericanos se desesperan ante la doble impotencia de frenar el consumo de drogas, así como la corrupción que alcanza los más altos niveles al sur y permite este criminal comercio. El secuestro, la violencia y el asesinato por "ajuste de cuentas" se han convertido en un acontecimiento cotidiano que pondría los pelos de punta a un turista suizo, pero se aceptan resignadamente como un acaecer normal en el diario existir. La misma iglesia católica ·en algunas ocasiones· parece más preocupada en evitar la próxima derrota del partido blanquiazul que solucionar este gravísimo problema moral.

Nos queda la esperanza de que el hombre no sólo de Ciudad Juárez, sino del país, al igual que el de otras latitudes logre equiparar la evolución ética con la tecnológica, para habitar un mundo digno de vivir.

CAPÍTULO XXII

La Cultura

El agregado que el espíritu del hombre incorpora al mundo de la naturaleza es lo que llamamos cultura. En Paquimé hallamos vestigios de centros ceremoniales, de un estadio de pelota y un arte arcaico de cerámica. Infortunadamente fue un pueblo prehistórico.

Con los primeros colonos llegó a lo que hoy es nuestra ciudad una incipiente cultura que durante la colonia se concentró en la capital de la Nueva España, originándose así la célebre frase: "fuera de México, todo es Cuautitlán".

El día doce de julio de 1553, a las ocho de la mañana se inició por vez primera en América, la cátedra de Derecho. La Universidad Nacional durante la colonia empezó a irradiar a todos los puntos cardinales del país, la luz del intelecto en una época en que el Santo Oficio de la Inquisición le cortaba las alas al libre vuelo del pensamiento científico.

Y sin embargo, los libros llegados al puerto de Veracruz, con las nuevas corrientes filosóficas europeas, pronto se difundían por todos los confines de la patria. A Ciudad Juárez fueron los médicos, abogados, ingenieros y sacerdotes quienes sembraron la semilla del pensamiento. El arribo de Don Benito Juárez, con su grupo de intelectuales que le acompañaban fue altamente estimulante para los habitantes de nuestra frontera, tanto por los libros que traían, como por las ideas que exponían, en las tertulias en la residencia del doctor Mariano Samaniego, a cuya sugerencia la profesora Refugio Samaniego de Daguerre en 1874 establece la primera escuela particular mixta en la antigua Calle del Comercio, siendo ésta el germen de las instituciones educativas de la frontera.

Imposible es omitir la influencia cultural y educativa que desde el siglo XIX para incontables jóvenes juarenses tuvo el Instituto Científico y Literario en la capital del Estado bajo la atinada dirección del doctor Miguel Márquez a quien se debe el haber llevado la educación de Chihuahua a la vanguardia de México con los nuevos programas de lógica, matemáticas y filosofía moderna y que gracias al ferrocarril inaugurado en 1882 se podía enviar desde Ciudad Juárez a los estudiantes, algunos de los cuales a su vez concluían sus estudios en la Universidad Nacional.

Algunos años después, en 1896, se funda la Escuela Primaria Oficial No. 28 entre las calles Constitución y Galeana para darle un nuevo impulso a la educación de la niñez.

La Escuela Superior de Agricultura

El 22 de febrero de 1906 constituye una fecha trascendental para la educación de nuestra ciudad al fundarse la Escuela Particular de Agricultura por los hermanos Rómulo y Numa Escobar Zerman, de quienes en 1940 escribió José López Bermúdez:

"...Esa conmovedora afirmación humana tiene, dentro de los límites del examen de estos ejemplares maestros confirmación exacta. Y jamás podremos desprender su vida, de la visión del valle dormido, de la calzada de álamos en sueño, de la acequia, del laboratorio, de la cátedra, del establo, del dormitorio; porque toda su idealidad, su rectitud, su enseñanza, están ahí, en ese medio que es su segunda enseñanza, su herencia y su filosofía...".

Desde Panamá, Colombia, Venezuela y todas las regiones de México llegaron año tras año jóvenes ávidos de saber a inscribirse en tan prestigiado plantel de internacional nombre cubriendo la mayor parte del siglo XX.

A la muerte de dichos próceres de la educación, Don Rómulo Escobar Villalba, legítimo heredero de aquellos hermosos genes de sabiduría y bondad, en unión de Abelardo Escobar, se hizo cargo de la dirección del plantel para después convertirse en la Escuela Superior de Agricultura, enriqueciendo su programa de estudios para egresar ingenieros agrónomos.

Fue un honor para el autor de estas líneas un día ser llamado por el ingeniero Rómulo Escobar Villalba, para encargarme la cátedra de Filosofía. Su personalidad

205

irradiaba generosidad y respeto. Otra ocasión me llama para decirme:
-   "Licenciado: se nos fue el maestro de Economía Agrícola de noveno semestre. Quiero que se haga cargo del grupo, al fin son sólo 8 alumnos".

En la primera clase me percaté del texto marxista · leninista· del anterior profesor el cual en vano intentó insertar dicho libro en la realidad del agro mexicano. Cuando les expliqué a los alumnos el problema, uno me sugiere:

"¿Por qué no tiramos a la basura el texto y el próximo domingo nos vamos los nueve en la camioneta de la escuela a recorrer las cuatro formas de producción socioeconómicas del estado: menonitas, mormones, ejidos y pequeña propiedad?"

Así lo hicimos: asistimos incluso a una misa menonita, en la cual, en lugar de las tradicionales imágenes sacras, sólo se podía leer el bíblico apotegma: "DEIN LEBEN LANG HABE, GOTT FÜR AUGEN UND IN HERZEN" (durante toda tu vida ten al señor ante tu vista y en tu corazón)

Los muchachos tomaron fotografías de una quesería, preguntaron y apuntaron todo tipo de datos proporcionados por Cornelius Peters.

En la colonia Juárez -mormona- nos invitó a un espléndido desayuno "Bob" Whetten e impresionó a los alumnos con la prosperidad de su comunidad trabajando con las más modernas técnicas norteamericanas.

En el ejido no pudimos encontrar a nadie; sólo vimos un zapato viejo, una botella de tequila (vacía) y un letrero en una barda de adobe: CON ECHEVERRÍA ARRIBA Y ADELANTE.

Felizmente llegamos al rancho de mi viejo amigo Rafael Sánchez Caro quien mató una res para agasajarnos con una opípara carne asada y simultáneamente, con su habitual bonhomía les explicó a los jóvenes la afortunada combinación de una explotación agrícola-ganadera.

Al retorno Don Romulito les preguntó cómo nos fue y un muchacho replicó: "aprendimos más en un día que en todo el semestre".

Es una verdadera desgracia la desaparición de tan fecunda institución y la cual le dio gran prestigio internacional a nuestra ciudad.

El Instituto Tecnológico

A dos hombres se debe la gratitud perenne de los juarenses por la creación de tan importante institución que durante tantos años ha alimentado con sus egresados los recursos humanos de la industria maquiladora, así como una vasta gama de actividades.

El profesor Ramón Rivera Lara y Adolfo López Mateos, ambos han dado su nombre a dos de las principales avenidas de nuestra ciudad muy merecidamente. Nativo de nuestra ciudad, vio la primera luz el 16 de abril de 1917. A los 17 años inicia su vocación de maestro en la Escuela Primaria Rural de San Lorenzo. Posteriormente prosigue su carrera en la Escuela de Educación Superior en México, D.F. donde se especializa en pedagogía para débiles mentales y pequeños delincuentes.

Nuevamente en Chihuahua, funda el Departamento de Psicopedagogía, bajo la Dirección de Educación Federal. A mediados del siglo XX funge como director de la Escuela Normal de Ciudad Juárez y después de la Escuela Técnica Industrial y Comercial número 21. Fue precisamente en esta época cuando concibió la luminosa idea de la creación de un Instituto Tecnológico para nuestra ciudad, prescindiendo del apoyo de los gobernadores que jamás sintieron interés por el proyecto. Por el contrario, el ingeniero Alejandro Guillot vio con simpatía este ideal y maniobró para obtener del licenciado Adolfo López Mateos la histórica audiencia en la cual con todo entusiasmo la llevó a la realidad. El 15 de mayo de 1964 se le impone la medalla de oro al profesor Ramón Rivera Lara con los siguientes conceptos:

"...la labor del educador es noble y sublime, discreta y grandiosa, ella no participa jamás de los honores efímeros del demagogo porque su verbo ·a la inversa de aquel· NO BUSCA COSECHAR APLAUSOS SINO SEMBRAR IDEAS. Y en esto radica precisamente su grandeza; al constituirse el maestro en un artífice del pensamiento de la juventud, se convierte en un orfebre de generaciones de hombres superiores".

"La tarea es ardua y penosa, querido maestro, pero por ello mismo sublime y fecunda. Esta medalla que hoy le prendemos al pecho, es muy diferente de los artificiosos honores con que los abyectos adulan a los poderosos. Ella no es el oro manchado por el servilismo al gobernante en turno para convertirse en un padrón de vergüenza; es un símbolo de nuestro afecto puro y espontáneo al hombre que desde la oscuridad de la modestia ha realizado la tarea sólida y fecunda. Esta presea puede mostrarla con legítimo orgullo a sus nietos porque con ella ofrecerá también una frente limpia, tantas veces perlada por el esfuerzo. Ella sin embargo, ha tenido su más tangible culminación con la creación del Instituto Tecnológico con que usted ha enriquecido a nuestra Ciudad Juárez".

"Reciba nuestro inmarcesible cariño en esta condecoración. Ella simboliza el testimonio de reconocimiento de la humanidad agradecida al excelso linaje de quienes han encendido y transmitido la antorcha del saber y de la cultura universal".

Aquella débil planta hoy se ha convertido en un frondoso árbol que esparce sus frutos por numerosos países en ambos hemisferios. La juventud fronteriza ya no se enfrenta a la triste disyuntiva de antaño al concluir la preparatoria: o truncaban sus estudios y se dedicaban a trabajar "en lo que saliera", o bien emigraban a Estados Unidos a proseguir su carrera, en cuyo caso, estos cerebros, se perdían para siempre para México. Hoy día miles de estudiantes renuevan su fe en nuestro país, plenamente consciente de que al titularse pueden obtener un trabajo digno y bien remunerado.

La Universidad Autónoma de Ciudad Juárez

Guillermo Marconi ·el inventor de la comunicación inalámbrica· al recibir la medalla como ganador del premio Nóbel, escuchó un atronador aplauso de la humanidad agradecida por salvar tantas vidas... casi tan atronador como el recibido en Ciudad Juárez en 2003 por Yolanda Montes, alias "Tongolele" al recibir al igual que Marconi, un reconocimiento de la Universidad Autónoma de Ciudad Juárez ante un abigarrado público que congregó a los más severos y exigentes gluteonomistas de esta frontera y quienes, en profundo éxtasis contemplaron –como parte de la solemne ceremonia universitaria· una maravillosa exhibición de danza que hubiese puesto verde de envidia a la propia Terpsícore. ¿Qué significa ello?, simplemente el espíritu abierto de nuestra universidad la cual procede con un criterio probablemente más amplio que las de Coimbra o Salamanca.

Luego de contar con un Instituto Tecnológico, obviamente el siguiente anhelo de nuestra comunidad sería lógicamente contar con una Universidad, como la existente en la ciudad de Chihuahua desde hace varios lustros. A esta tarea se entregaron varios profesionistas y hombres de empresas, ante la renuente actitud del gobernador del Estado.

Tongolele galardonada por la U.A.C.J.

Factor determinante fue la ardua labor desarrollada por la C.P. Dolores Canizalez de Urrutia quien impulsó la idea brotada del seno del Club de Mujeres Profesionistas y de Negocios, A.C. formándose primero la Universidad Femenina bajo la dirección del licenciado Adolfo Chávez Calderón iniciándose el 18 de septiembre de 1968 las primeras clases.

El 29 de mayo de 1970 toma posesión de la Presidencia del Patronato de la Universidad Autónoma de Ciudad Juárez Eduardo Fuentes Varela quien en unión de su hermano Valentín entrega un cheque por cien mil pesos, para, aunque levemente, empezar a resolver la angustiosa situación económica de la naciente institución.

Muchos fueron los problemas económicos y políticos del nuevo organismo educativo, pero muy afortunadamente supo salir adelante con la simpatía y el apoyo de incontables clubes de servicio, empresarios, profesionistas y la comunidad en lo general.

Nacen las escuelas de medicina, arquitectura, economía, educadores y derecho. El 29 de enero de 1971, el Presidente de la República Luis Echeverría coloca la primera piedra de lo que hoy es la Universidad Autónoma de Ciudad Juárez, siendo acompañado por el rector de tan grata memoria, licenciado Mario Ballesteros quien expresa: **en este lugar edificaré mi templo del saber**. El entonces estudiante ·hoy brillante profesionista· Eugenio Alvídrez habló elocuentemente a nombre de la juventud estudiosa.

Con el transcurso de los años ·y a pesar de su juventud como Institución· la Universidad Autónoma de Ciudad Juárez ha ido creciendo exitosamente ·ya cuenta con un campus en Nuevo Casas Grandes· y desde luego forma muy importante parte en la historia de la cultura de nuestra frontera.

Si bien el Instituto Tecnológico de Ciudad Juárez tuvo un enorme éxito desde su nacimiento ·parte del cual se debe a sus magníficos directores como Sergio Octavio Villezcas, Roberto Arana Morán y Humberto Morales · entre otros· a su vez un grupo de empresarios encabezados por el filántropo Federico de la Vega, pusieron cuerpo, alma y grandes recursos para el nacimiento del Instituto Tecnológico de Monterrey Campus Ciudad Juárez, el cual junto a la extensión de la Universidad Autónoma de Chihuahua, la Universidad Tecnológica de Ciudad Juárez, el Centro de Estudios Superiores del Norte ·dirigido por José Luis Vallejo· la Universidad Americana del Noroeste ·dirigida por Jesús Cepeda· la Universidad Regional del Norte –dirigida por quién sabe quién· van paulatinamente integrando el panorama de la educación superior de primer nivel de calidad de nuestra frontera.

Centro Universitario de Cd. Juárez

Son 27 generaciones de profesionistas que hasta el año 2008, han emergido de las aulas de esta institución, labor desarrollada desde su fundación en 1996, abriendo sus puertas para aquellos que ávidos de conocimientos no tenían cabida en ninguna de las dos instituciones de educación superior que existían en la ciudad que pudieran continuar con sus destinos a la culminación de una carrera profesional.

Sueños y destinos aunados al sueño y destino de quien en 1992, surgieran de labios del Lic. Rodolfo Acosta Benavides y ahora hecho realidad a través de su valentía, esfuerzo, trabajo, dedicación y liderazgo, convertido en lo que orgullosamente se denomina CENTRO UNIVERSITARIO DE CD. JUAREZ, que aperturó el 19 de agosto de 1996 y legalmente recibió el reconocimiento oficial de la Secretaría de Educación y Cultura del Estado, publicado en el Periódico Oficial del Estado el 10 de Julio de 1999, dándo nacimiento a una de las Instituciones de Educación más sólidas de la Ciudad, porque desde entonces en sus aulas, se respira el espíritu renovador de las ideas y se contagia de la esperanza alentadora y creadora de sus alumnos y maestros.

La iniciativa pronto rindió fruto, la mística universitaria y el amor por su Alma Mater, sus egresados empezaron a tejer una red impresionante al derredor del lema que la distingue "Estudiar para triunfar" que hizo que todos aspiraran a triunfar en sus ámbitos laborales profesionales y que fueran ellos los que forjaran el prestigio del que goza en la actualidad nuestra institución dándo nacimiento al slogan "Nuestros egresados nos respaldan".

En la actualidad, con 12 años continuos e ininterrumpidos de trabajo arduo, lucha vigorosa y empuje demandante, realizados con el fin de consolidar a la institución, se deriva en el reconocimiento de la comunidad que se ve y verá favorecida con las generaciones de hombres y mujeres comprometidos en realizar su actividad profesional para engrandecer a su Alma Mater el C entro Universitario, a su comunidad donde diariamente convive con su familia, a su leal y noble Ciudad Juárez, a su Estado grande Chihuahua y a su entrañable País, ¡México!

El Ateneo Fronterizo

El día 3 de mayo de 1938, ante el notario público número 8 licenciado Carlos Salinas (homónimo del tristemente célebre ex-presidente) se reunieron Víctores Prieto, Manuel Ayala, Manuel Gómez Lomelí, Ricardo Carrillo Durán, Manuel L. Cardona, Esteban Briones, José Constantino Suárez y Heriberto García Rivas para constituir una Sociedad Civil, sin fines lucrativos, dedicada única y exclusivamente al fomento de la ciencia, literatura y arte.

Esta institución fue la primera de la República en su género y desde su fundación hasta nuestros días ha ejercido una fuerte influencia en el ambiente cultural de nuestra frontera, pues todos los otoños se efectúa su ciclo de conferencias, totalmente gratuitas para el público en general. En cada programa se presentan diversos números musicales y artísticos de alta calidad.

En muchas ocasiones se radiaban estos programas para solaz de los habitantes de muestra localidad, quienes estrenaban el aparato de radio en su propia casa. Cuando apareció la televisión, se dio la afortunada coincidencia de que el propietario de la concesión del único canal en el Estado de Chihuahua, Don Pedro Meneses Hoyos, simultáneamente fue un entusiasta ateneísta, incluso llegó a presidir la institución en más de una ocasión y ·hombre culto· facilitó su canal para llevar a cabo las transmisiones dominicales en una época en que aún no se había fundado la Universidad de Ciudad Juárez.

Entre las distinguidas personalidades que recordamos en algún momento llegaron a presidir este organismo son ingeniero Manuel Cardona Durán, al profesor Arturo García Rodríguez ·uno de los mejores barítonos de México según la autorizada opinión del tenor italiano Lázaro Ferrari· el licenciado Adolfo Chávez Calderón, el licenciado José María Maese Rodríguez, el renombrado oftalmólogo de internacional prestigio Jorge A. González, el licenciado Antonio López Bustamante y su propia hermana Arcelia y muchos profesionistas e intelectuales quienes aportaron su tiempo, esfuerzo y dinero para llevar la cultura a todas las capas de la sociedad. Especialmente recuerdo la noche en que elegimos como Presidente del Ateneo a Don Pedro Meneses Hoyos. Sus primeras palabras fueron:
"Vamos a romper la práctica de pedir ayuda económica al gobierno municipal. Creo que entre todos nosotros podemos llevar a cabo estos programas sin necesidad de andar de "pilinques".

Efectivamente, su ciclo fue en extremo brillante y entre los destacados conferencistas de aquel año vinieron su hermano el doctor Jorge Meneses Hoyos · Premio Nacional de Medicina· y erudito en pintura clásica, así como el famoso cardiólogo Demetrio Sodi Pallares.

Figuras intelectuales de primer nivel nacional vinieron a exponer como Conrado Zuckerman, Jesús Lozoya Solís, Raúl Cervantes Ahumada, Emilio Portes Gil, Porfirio Muñoz Ledo y muchísimos más que eluden a nuestra memoria.

El marco musical estuvo siempre a tono con los conferencistas, pues siendo Presidente Municipal el licenciado Aureliano González Vargas, nos facilitó la recién formada Orquesta Sinfónica de Ciudad Juárez. Violinistas como Hermilo Novelo, José de Jesús Mondragón ·fundador del grupo "Violines Mágicos de Villafontana"· Ernesto Talavera, Moisés Ordaz, Abraham Chávez, Edmundo J. Dieguez, Roberto Valdez y Lorenzo Lechuga frecuentemente eran acompañados al piano por la profesora Libertad Montelongo de Navarro o Fernando Hernández. Guitarristas tan prestigiados como Manolo Parra y Aquiles Valdez no sólo tocaban, sino realizaban otras tareas propias de toda una auténtica fraternidad artística e intelectual. Para el 20 de noviembre de 1960 se invitaron conferencistas de la talla de Andrés Serra Rojas e Ignacio Burgoa a iniciativa de la Asociación y Colegio de Abogados presidida por el licenciado Francisco J. Cuellar, para conmemorar el 50 aniversario de la Revolución Mexicana. En estos días tuvimos la gratísima visita de Adolfo López Mateos quien vino a cristalizar el viejo anhelo: la salida por ferrocarril al mar.

Cantantes de ópera y frecuentes participantes fueron el tenor Ricardo Gutiérrez, el italiano Lázaro Ferrari, quien me reconoció como el más mal cantante del mundo ·incluso peor que Julio Iglesias· así como el ya mencionado barítono profesor Arturo Rodríguez.

El Ateneo además fue puerta abierta para toda clase de artistas aficionados: pianistas, guitarristas, violinistas, cantantes y declamadores; dándoles estímulo, público y proyección a todos estos jóvenes valores, algunos de los cuales llegaron a consagrarse como profesionales.

En el ramo cultural nacieron o se formaron aquí figuras tan consagradas como Germán Valdez "Tin-tan", quien empezó como locutor desafiando a diario los regaños de Pedro Meneses, ya que a la seriedad tradicional de los locutores de aquella época se oponía el desbordado buen humor de Tin-tan, quien improvisaba chiste tras chiste, para mantener la hilaridad del radio-escucha. Su hermano Manuel "Loco" Valdez fue nacido y bautizado en nuestra querida ciudad y ha hecho de la risa su profesión, exportándola a buena parte de los Estados Unidos y Latinoamérica. Dentro o fuera del escenario invariablemente mantiene la sonrisa a flor de labio. Recientemente le obsequié un libro y al redactar la dedicatoria me advierte: "ponle que es para el más cuerdo de tus amigos". Asistía a la inauguración de un monumento a su hermano Germán "Tin-tan".

Juan Gabriel ocupa por derecho propio un espacio en esta ciudad. No vio la primera luz aquí, pero llegó muy pequeño para escribir una historia de perseverancia, talento y triunfo.

El 7 de enero de 1950 en Parácuaro, Michoacán tiene lugar el nacimiento de Alberto Aguilera Valadez en el seno de una familia humilde. El padre, Gabriel Aguilera un buen día desaparece dejando a los suyos en el más completo desamparo, por cuya razón la madre decide un día emigrar a la frontera, donde las posibilidades de hallar trabajo son incomparablemente mayores que en Michoacán. Antes de que el niño hubiese aprendido a leer ya se encuentra en Ciudad Juárez, quien los acoge con la misma nobleza que lo hace con los cientos de miles de mexicanos que del sur llegan buscando horizontes más amplios.

La madre se coloca en la casa de la familia Meana y el niño pulula por las calles del centro cuando la profesora Micaela Alvarado –directora del tribunal para menores· accidentalmente lo encuentra y le ofrece a su madre darle alojamiento en el posteriormente llamado Centro de Readaptación de Menores, donde además de techo y comida, puede recibir la educación primaria. A ese lugar iba un hombre ya mayor conocido por "Juanito" a impartir clases elementales de música, pues él tocaba el violín. Entonces se despertó el talento innato del niño, quien aprende a tocar la guitarra y se impregna su espíritu del maravilloso mundo de la música. En alguna ocasión Don Domingo Holguín, inspector general de policía llega a visitar el Tribunal y le pide al niño le cante "el caballo blanco" y como recompensa le da una moneda de plata de un peso, lo que se puede considerar como sus primeros honorarios. El niño crece y con él su precoz vocación, la cual seguirá el resto de su vida con todo éxito.

Pero éste no llegó tan fácilmente. Hubo de trasladarse a la capital de la República, luchar arduamente, vencer incontables obstáculos para un día mediante la ayuda de la esposa del general Andrés Puentes Vargas, de nombre Ofelia y de Enriqueta Jiménez "La Prieta Linda", habla con Don Enrique

Okamura, director artístico de R.C.A. quien le ofrece la oportunidad de grabar su primer disco encabezado por "No tengo dinero". Corre el año de 1971. El disco es un éxito y nace el nombre artístico de "Juan Gabriel".

A un disco sigue otro y otro. Forma su propia orquesta y empieza a recorrer los palenques de toda la república y un día su agente artístico Francisco Cabral le consigue un contrato para actuar un 16 de septiembre en Las Vegas, Nevada. Para entonces es ya toda una figura internacional sumamente conocida y admirada en toda Latinoamérica y el sur de Estados Unidos.

Hoy día continúa componiendo, cantando y haciendo giras dentro y fuera de México. En Ciudad Juárez posee dos residencias: una en la calle Lerdo y la otra en la Avenida 16 de Septiembre, existiendo la posibilidad de que alguna de ellas se dedique a museo.

Por lo pronto hoy forma parte del pasado y presente de nuestra ciudad, mediante un importante eje vial que lleva su nombre.

Universidad de Texas en El Paso

Incompleto y egoísta sería omitir el tremendo impacto cultural que la Universidad de Texas en El Paso (U.T.E.P.) ha tenido para nuestra población. Nacida originalmente como el Colegio de Minas, se transforma posteriormente en la Universidad de Texas en El Paso. Pocos eran en un principio los hispanos que se inscribían en dicha institución; sin embargo, a raíz del gobierno de Kennedy, paulatinamente fue aumentando

220

el número de mexicanos ·y por supuesto juarenses· que tuvieron la oportunidad de hacer una carrera profesional allí. Hoy día miles de juarenses deben su título a esta prestigiada Universidad ·con su magnífica biblioteca· y actualmente alrededor de dos terceras partes de sus alumnos son hispanos. Es innegable que U.T.E.P. con sus alumnos y maestros de origen hispano forma parte indisoluble de la unidad cultural de la conurbanizacion Ciudad Juárez · El Paso, Texas.

Cultura y Belleza

La mayor obra de arte existente en el universo es la mujer. El siglo XX percatándose de este hecho empezó a organizar el célebre concurso Miss Universo para solaz del público masculino. En este ámbito también ha descollado Ciudad Juárez.

En la década de los setentas Maricarmen Orozco gana sucesivamente los títulos de Miss Ciudad Juárez, Miss Chihuahua y Miss México. Después aparece Marisol Alonso quien en 1996 repite la hazaña de Maricarmen Orozco

Quien sin embargo ha realizado en este campo la más brillante carrera ha sido, sin duda alguna Vanessa Guzmán, quien sucesivamente se ha coronado:
a) Miss Ciudad Juárez
b) Miss Chihuahua
c) Miss México
d) Miss América

Y finalmente teniendo como escenario Las Vegas, Nevada llegó en un momento dado (1996) a ser considerada favorita para coronarse Miss Universo, que finalmente cedió en reñidísima votación. No se limitó empero Vanessa a dormir en sus laureles, sino que trasladándose a la capital de la República, fue contratada por los estudios de Televisa para hacer lo que hasta hoy es una sumamente exitosa carrera de actriz en teatro, cine, modelaje y telenovela. Hoy une su inteligencia a su natural don de gentes y aunque trabaja en el D.F., no es raro verla en las calles de nuestra ciudad.

Se debe mencionar que nuestra población, gracias a las instituciones de educación superior locales o foráneas ha dado incontables profesionistas de primer nivel, como por ejemplo el licenciado Alfredo López Austin, quien en una época fue Juez de Primera Instancia de lo Penal, hoy para orgullo nuestro es uno de los más destacados antropólogos de México y por supuesto experto en nuestra cultura náhuatl, vocación nacida desde su época de estudiante en la U.N.A.M. pues su tesis profesional, bajo la dirección de Mario de La Cueva, llevó como título: "La Constitución Real de México-Tenochtitlán".

Finalmente en este renglón es de reconocerse a los clubes de servicio como los Leones y Rotarios quienes además de llevar a cabo obras de enorme beneficio social para nuestra frontera, han invitado a personalidades del mundo intelectual como al querido maestro Ignacio Burgoa a sustentar interesantísimas conferencias. A mediados de los ochentas y a iniciativa de Don René Mascareñas nos reunimos él, el

222

exgobernador Don Teófilo Borunda, el distinguido oftalmólogo doctor Jorge A. González, el cronista de la ciudad Don Ignacio Esparza Marín y quien esto escribe para formar ·con algunos otros profesionistas e intelectuales· la Agrupación Civil Juarenses, A.C., la cual ha luchado por preservar en esta frontera los valores tradicionales de México y la cultura universal.

CAPÍTULO XXIII

Tauromaquia

Una de las tradiciones más honradamente españolas que han arraigado en México ha sido sin duda el espectáculo de la fiesta brava. A lo largo de la colonia enraizó profundamente entre los habitantes de la metrópoli y a través de los años continuó manteniéndose viva a lo largo y ancho del territorio nacional.

En el viejo Passo del Norte no podía prescindirse de este tipo de espectáculos y las más antiguas crónicas de la colonia ya nos hablan de que se improvisaban plazas para matar toros. No es sin embargo hasta 1882, el mismo año en que llegó el ferrocarril, cuando se construyó la primera plaza de toros con el nombre de "San Pablo" ubicada en la esquina de las calles Mariscal y Vicente Guerrero para dar corridas los domingos desde la primavera hasta el otoño. Desde aquellas épocas, primero por curiosidad y luego por afición empezaron a asistir los habitantes de El Paso, Texas.

Con una arraigada afición en ambos lados de la frontera, al incendiarse el mercado "Luis Terrazas" a principios del siglo XX, el doctor Mariano Samaniego construye una plaza de toros en la esquina noreste de las calles Abraham González y Francisco Villa; era de adobe con palcos de machimbre. Desde 1939 a 1953 la

225

administró Roberto González. Inicialmente su capacidad era de quinientos asientos, pero la agrandó decuplicándola hasta cinco mil asistentes. El éxito ha sido tal que se implantó el record nacional de en un año haber presentado cincuenta y cuatro corridas. En ella actuaron figuras de primer nivel mundial como Fermín Espinoza "Armillita", Silverio Pérez, Chucho Solórzano, Liceaga, "Cañitas", Fermín Rivera, Calesero y muchísimos más, con las mejores ganaderías del país.

Especial mención merecen las valientes damas Juanita Cruz -española-, la famosa rejoneadora peruana Conchita Cintrón, Juanita Aparicio, así como dos beldades "gringas": Patricia McCormick y la rejoneadora Judith Evans, quien fue derribada del caballo y sufrió varias fracturas.

Los mejores rejoneadores de ambos hemisferios también se presentaron como el famoso portugués Simao Da Veiga y nuestro Gastón Santos.

Tanto creció la afición que se formó una cuadrilla juvenil juarense encabezada por José Archuleta e integrada por Alejandro del Hierro, Ciro Enríquez, Teófilo Enríquez, Melesio Rodríguez y Agustín Mirano. Infortunadamente el toro "fantoche" infirió en Monterrey una mortal cornada que le costó la vida a José Archuleta, con lo cual se disolvió esta cuadrilla.

La actual plaza Alberto Balderas es construida con los más modernos cánones, siendo inaugurada el 5 de mayo de 1957 por su propietario Lorenzo Quevedo. A la muerte de éste la hereda Héctor "Chacho" Quevedo quien de acuerdo con la anécdota, la pierde en una partida de poker ante Juan Abusaid.

El famoso cronista taurino Don José Santamaría y Bringas, alias "Pepe Hillo" convence al mayor médico veterinario José López Hurtado de construir en un terreno baldío de 31,000 metros cuadrados ·entonces en las goteras de la ciudad· la Plaza Monumental, bajo la dirección técnica del ingeniero Roberto Solórzano con cupo para 12,500 espectadores bajo la más moderna tecnología con sus taquillas para sol y sombra, capilla, enfermería con quirófano, bodegas y desolladero. Veinticuatro torres con 120 lámparas permiten presentar espectáculos nocturnos, disponiéndose además de un amplísimo estacionamiento para un millar de automóviles y lo que ha sido un orgullo permanente para nuestra ciudad: el estupendo monumento titulado "El encierro" del genial escultor yucateco Humberto Peraza, que se ha convertido en uno de los símbolos de nuestra frontera. Es inaugurada el 5 de septiembre de 1957, tras cinco meses de labores. En su primer cartel fueron contratadas tres figuras consagradas: Juan Silveti, Rafael Rodríguez y Humberto Moro con bureles de Tequisquiapan y actuando como padrino Rodolfo Gaona, famoso por su frase de que para ser figura de la tauromaquia se requieren tres condiciones:
a) No perder nunca la figura
b) No darle la espalda al toro
c) Estar siempre en su sitio

Entre las cosas interesantes debe recordarse la corrida "goyesca" con Manolo Martínez y Alfredo Leal, siendo cornado Manolo por el último astado.

Hasta hoy día puede con orgullo afirmarse que nuestra Plaza Monumental administrada por Antonio López Hurtado, se encontró a la altura de las mejores del mundo.

No se puede cerrar este capítulo sin referirnos a que además de los cosos taurinos existen los lienzos charros Francisco Baca Gallardo y el Adolfo López Mateos; y en los cuales se conserva una de las más puras tradiciones de México: la charrería. También existen dos cortijos: El Milagro y El Solar de la Paloma.

Para finalizar diremos que Ciudad Juárez en el aspecto taurino ha corrido con tan buena fortuna que jamás hemos podido recordar una cornada que haya sido de fatales consecuencias.

CAPÍTULO XXIV

Juárez, Estado 33

Durante incontables años el viejo Passo del Norte ha contribuido con sus hombres y con sus recursos a la construcción de la patria. En cuanto se supo que Miguel Hidalgo se hallaba preso en la ciudad de Chihuahua, un habitante de esta población participó en la conjura tendiente a liberarlo ·lo cual le costó el fusilamiento al haberse descubierto· e indica el patriotismo de los moradores de nuestra comunidad.

En los aciagos días en que el Benemérito se refugió en nuestra frontera, se le dio respaldo absoluto y afecto espontáneo, a grado tal que se le propuso para la diputación federal por este distrito. De todo este valle se reclutaron hombres que expusieron sus vidas en la lucha de la intervención.

Igualmente aquí se le otorgó total apoyo al apóstol de la democracia, Francisco I. Madero y en mayo de 1911, fue en este lugar donde se derrumbó la dictadura de Díaz.

Concluida la gesta armada Ciudad Juárez continuó contribuyendo con el incansable trabajo de sus hombres al florecimiento del país. Los gobernadores del Estado, salvo raras excepciones, se dedicaron a extraer el máximo provecho del "mitológico plumífero de los áureos blanquillos", sin reciprocar empero el más insignificante beneficio a sus pobladores. Cuando a un gobernador se le pidió una universidad, se negó terminantemente a apoyar el proyecto y hubo de ser la grandeza de un Adolfo López Mateos, quien directamente ordenara la creación del Instituto Tecnológico.

Cuando la elección lleva al poder a un nuevo mandatario estatal, con el apoyo determinante de los juarenses, forma su equipo de gobierno con hombres de todo el territorio estatal, excepto Ciudad Juárez (Teófilo Borunda fue una notable excepción al nombrar tesorero al juarense Raúl Yánez Loria).

Durante 100 años jamás se eligió como magistrado a un Juez de Primera Instancia de esta ciudad, ni se le reconoció el menor mérito a abogados tan ilustres como Jorge Mena Baca, Jorge Alberto Silva, Alfredo López Austín y Armando Chávez M.

Todas ellas son razones más que suficientes para que un grupo de distinguidos profesionistas e intelectuales, el 5 de febrero del 2000 iniciaran el proceso de separación de la región norte para crear el Estado Juárez 33 con la siguiente publicación:

Manifiesto

En sesión celebrada por nuestra organización el pasado 5 de febrero, se acordó solicitar la realización de los estudios necesarios tendientes a la creación, en los términos de la fracción III del artículo 73 de la Constitución Política de los Estados Unidos Mexicanos, del estado libre y soberano de Juárez, con capital en Ciudad Juárez, como parte integrante de la Federación.

El nuevo Estado quedaría compuesto por los municipios de Ascensión, Buenaventura, Casas Grandes, Galeana, Guadalupe, Janos, Juárez, Nuevo Casas Grandes, Ojinaga, Praxedis G. Guerrero, Villa Ahumada y por otros que se llegaran a determinar.

Así mismo se ha solicitado efectuar, en su momento, una democrática consulta popular entre los habitantes de los municipios anotados, a fin de conocer su sentir y opinión al respecto.

Considerando:
1. Que las participaciones presupuestales que otorga y distribuye el gobierno del Estado resultan inequitativas a la proporción que aportan algunos municipios fronterizos.
2. La distancia de 375 kilómetros o más que nos separa de la capital del Estado.
3. Que la dinámica fronteriza, costumbres, problemas, economía, etc., son muy diferentes a los que se presentan en el sur del Estado y que por ello se generan malentendidos y posturas antagónicas entre ambas regiones.

4. Que el crecimiento de la población del Estado ha generado una carga de trabajo excesiva, misma que dificulta a los funcionarios estatales no sólo resolver, sino hasta llegar a atender los múltiples asuntos que se les plantean.
5. Que la gran mayoría de los funcionarios públicos del gobierno, en esta región, proceden del sur y que en razón de ello no conocen nuestros problemas ni nuestra idiosincrasia, lo que conlleva una dificultad para dar soluciones adecuadas.
6. Que los municipios comprendidos en la solicitud cuentan y en demasía, con el número de habitantes requeridos legalmente y que además tienen los elementos suficientes para proveer a su existencia política y económica, en los términos de la Constitución Federal.

Hacemos del conocimiento de los habitantes de los municipios anotados, que si la consulta popular resulta favorable a lo propuesto, pugnaremos dentro de la ley por la creación del: ESTADO LIBRE Y SOBERANO DE JUAREZ.

Atentamente,

Ciudad Juárez, Chih., a 18 de febrero del 2000.
Por la Cultura al Servicio de la Patria.

Unión de Profesionistas e Intelectuales, A.C.
Lic. Antonio López Bustamante
Presidente

Lic. Armando Cárdenas Paniagua
Secretario

Independientemente de la factibilidad de la iniciativa del licenciado Antonio López Bustamante, la idea "prendió" de inmediato en la opinión pública. Incluso el conservador Semanario llegó a decir:

"Mientras más se le da vuelta a este asunto de separar el norte de la entidad y crear el Estado 33, más simpatizantes tiene, al margen de lo improbable del evento, por lo menos en el corto plazo".

"La idea prende. Antonio López Bustamante debe estar sorprendido del efecto de la idea. Separar Ciudad Juárez del Estado de Chihuahua, tiene fundamentos jurídicos, históricos y económicos que deben ser tomados en cuenta..."

Y más adelante agrega:
"No nos asustemos porque un grupo de juarenses quiere un gobierno más cercano y comprensivo".

Otro ilustre editorialista, el licenciado Jesús María Guevara publicó:
"Fayuquear sí resulta lastimoso reconocerlo, pero desde siempre nuestros funcionarios estatales y federales, cuando de Juárez se trata, sólo a eso vienen. Así de fácil, así de sencillo y a ver quien se atreve a decirnos que no es cierto".

Otro destacado catedrático en economía calcula que mensualmente más de diez millones de dólares viajan "legal o ilegalmente" de Ciudad Juárez; y agrega una pavorosa estadística: para el ramo de cultura se dedica el 67% del presupuesto a la ciudad de Chihuahua, mientras que Ciudad Juárez, con mayor población sólo recibe el 2.2%, es decir, el cheque de un "aviador".

En su campaña electoral el licenciado Reyes Baeza Terrazas, contestando a una pregunta del editorialista Domingo Sarmiento, se llevó un atronador aplauso cuando expresó: "**levantaremos la guillotina que separa a Ciudad Juárez de Chihuahua**".

Deber moral e histórico del cronista es anotar en honor a la verdad estos acontecimientos y dejarle la respuesta al porvenir.

CAPÍTULO XXV

Comercio e Industria

Mediante el comercio el hombre se separó de la violencia de la guerra de conquista. Los fenicios dieron dos enormes pasos inventando el alfabeto y el crédito. A su vez los griegos al crear la moneda dieron otro trascendental y fue Roma la que con el comercio tricontinental mantuvo el apogeo de su grandeza al dominar el mercado mediterráneo acuñando la frase "mare nostrum".

El Passo del Norte a su vez a partir del siglo XVII empezó a tomar conciencia de su importancia estratégica entre la ciudad de México y Nueva York. Con el arribo el 16 se septiembre de 1882 del ferrocarril, el comercio internacional entró a una nueva fase de exportación de ganado y minerales; e importación de productos manufacturados de calidad "made in U.S.A." con destino no sólo a nuestra frontera, sino al resto del país.

Concluida la segunda guerra mundial, los vuelos comerciales se convirtieron en una rutina y ello incidió en forma sumamente valiosa en los viajes de hombres de negocios, tanto inversionistas norteamericanos como mexicanos, dando un nuevo impulso a los hermanos siameses industria-comercio.

El mismo año en que arriba el primer ferrocarril, 1882, nuestra ciudad ingresa a una nueva fase de progreso ininterrumpido: la comunicación telefónica. Esta se inicia en El Paso, Texas; con la inauguración de "The Southwest Telegraph and Telephone", misma que al año de operar, cuenta con cerca de 100 aparatos. Algunos años más tarde, en el esplendor del porfiriato - 1905- las líneas telefónicas traspasaban el río grande y algunas oficinas como el Consulado Norteamericano, la Presidencia Municipal, La Aduana y algunos más pueden comunicarse a nuestra vecina ciudad. A partir de entonces la extensión de dicho servicio puede calificarse de vertiginoso.

Se instala poco más tarde la Eléctrica y Telefónica Fronteriza, S.A., misma que después de haber operado con todo éxito, es adquirida en 10,000 pesos oro nacional por la empresa Teléfonos Ericsson, S.A., misma que presta servicios a instituciones de vanguardia en aquella época como fueron: El Banco Mercantil de Chihuahua, S.A. (teléfono # 1), Juárez Mercantil, S.A. (#11), Juárez Gas, S.A. (#29), Cía Mexicana Productora de Luz y Fuerza (#30), Escuela de Agricultura (#94), Cía Algodonera McFadden (#110), Estación de Radio XEJ (#111), Farmacia Ideal (#19), Sitio Cinco de Mayo (#5) y Sitio Tecolote (#6).

En la década de los treintas, Ciudad Juárez es primera, aunque rápidamente seguida en el resto del país por la maravilla de la radio, la cual no sólo proporciona momentos de solaz a las armas de casa con su buena música, sino además da a conocer los últimos acontecimientos del país y del mundo, difundiendo en

236

todo el urbe noticias como el inicio de la segunda guerra mundial, el ataque japonés el domingo 7 de diciembre de 1941 a la base naval de Pearl Harbor, sino, sumamente importante para el desarrollo económico, mediante los anuncios comerciales pone en contacto a vendedores y consumidores, creando así un mercado electrónico que perdura hasta nuestros días.

Fue Don Pedro Meneses Hoyos un hombre extraordinariamente visionario, pues primero hizo llegar a los hogares de Ciudad Juárez un mensaje de romanticismo con lo mejor de la música mexicana ·y dentro de la cual la yucateca por supuesto· así como la clásica, haciendo más llevaderas las labores hogareñas (aún no se instalaban radios en los automóviles), con su famosa Radiodifusora XEJ.

No conforme con ello, debe pasar a la historia como el pionero de la televisión en Latinoamérica cuando el 7 de mayo de 1954 ·compartiendo este honor con el canal 5 de México, D.F. propiedad de Don Emilio Azcárraga Vidaurreta· sin embargo, puede afirmarse que los juarenses vieron televisión antes que los habitantes de la capital debido al canal televisivo de El Paso, Texas.

Hoy día, gracias a la ciencia **la red eléctrica que envuelve al planeta se ha convertido en el nuevo sistema nervioso de la humanidad**. La televisión reviste el triple cometido de amenizar, informar y servir de eslabón en la cadena producción·consumo.

Concluidas las guerras de Corea y Vietnam, se temió que el retorno de los soldados norteamericanos al mercado de trabajo de Estados Unidos incidiera en el

237

desempeño de la mano de obra mexicana en ese territorio. Así se llegó en la década de los sesentas al concepto de crear en la frontera norte de México plantas de procesamiento de partes destinadas a la exportación, con lo cual se generarían miles de empleos y nuestro país avanzaría rápidamente en el camino industrial.

Su crecimiento ha sido portentoso: en 1965 México tenía dos mil trabajadores en la nueva industria maquiladora. El expresidente municipal de Ciudad Juárez, Don Antonio Bermúdez, quien contaba además con la valiosísima experiencia de haber sido durante doce años Director General de PEMEX ·en los sexenios de Miguel Alemán y Adolfo Ruíz Cortínez· logra en octubre de 1964 un estudio económico-social sobre este tipo de industria y convence a su sobrino, Jaime Bermúdez para la construcción de un parque industrial privado sobre 125 acres de tierra antiguamente dedicados al cultivo del algodón y logra inclinar a la R.C.A. para manufacturar televisiones en un edificio de 100,000 pies cuadrados específicamente construido para este fin. Pronto esta planta empleaba 6,000 obreros y nacía el "Parque Industrial Antonio J. Bermúdez". Poco después se creó el Parque Industrial de Nogales, Sonora sobre 46 hectáreas al sur de esa ciudad. El industrial Richard Campbell inventa el "plan Shelter" consistente en un sistema de reducción de riesgo para los fabricantes extranjeros por medio del manejo, bajo un simple contrato, de todo dentro de la fábrica en México, excepto el proceso de producción, hasta que el consumidor volviera a confiar en que México trabajaría para él, lo cual resultó un rotundo éxito a grado tal que el procesamiento de partes para la exportación durante 20 años tuvo un espectacular crecimiento de un 15% anual. Naturalmente han existido problemas, pero éstos han sido menores en comparación a los beneficios.

Paulatinamente, a la sombra del éxito, han ido creciendo las plantas maquiladoras en Ciudad Juárez, agrupadas en la A.M.A.C., constituyendo un verdadero ejemplo para toda la nación al ocupar el primer lugar en ocupación con 129,225 empleos directos y con los más halagüeñas perspectivas para el porvenir inmediato. Basta citar a Electrolux quien ya lucha por nacer para generar en el 2005 un mínimo de seis mil empleos directos, lo cual se traducirá en una mejor calidad de vida para los habitantes de nuestra frontera.

CAPÍTULO XXVI

Deporte

"**C**hihuahua es, por mucho, el mejor equipo mexicano, el único que realmente juega básquetbol". Pronuncia estas palabras "Bob" Almeida el "coach" del entonces campeón amateur del mundo "Oakland Bittners". Efectivamente el equipo "dorados" de Chihuahua (que debe su nombre al recuerdo de los famosos dorados de Pancho Villa ·inclusive su uniforme fue de este color·) han implantado record, tras record, entre otros el haber obtenido en seis años consecutivos el campeonato nacional: 1939, 1940, 1941, 1942, 1943 y 1944. Precisamente en esta época y formando parte de los "dorados" surgió la figura más grande que el básquetbol mexicano ha tenido: Josué Neri Santos.

En 1948 en Londres, en el estadio olímpico se juega el partido final para alcanzar la medalla entre Brasil y México. Ambos equipos se hallan sumamente nerviosos. Suena el silbato y contra todos los pronósticos México se va arriba en el primer tiempo por 12 puntos. El capitán de la selección nacional comete el error más grande del campeonato: saca a los jugadores chihuahuenses (entre los cuales se hallaba Neri Santos para sustituirlos por basquetbolistas del Distrito Federal, creyendo equivocadamente, que el triunfo ya estaba asegurado). A los siete minutos del segundo tiempo ya Brasil se había puesto arriba y ganó el partido. Neri comenta: "si hubiese dejado el mismo equipo base nos hubiésemos traído la medalla olímpica".

La trayectoria deportiva de Neri Santos a nivel nacional e internacional ha sido tan brillante que incluso fue invitado a integrar el famoso equipo profesional "Harleem Globe Trotters" para dedicarse a esta actividad. Rehusó el honroso ofrecimiento y formó parte del departamento deportivo del Instituto Tecnológico hasta su jubilación.

Ciudad Juárez ha sido semillero de grandes deportistas en muy distintas áreas, pudiendo afirmar que en el ramo femenil ha dado a la más destacada figura mexicana: Bertha Chiu, quien ha sostenido en 25 años el lanzamiento de jabalina y obtenido destacadísima labor en softbol y básquetbol, siendo considerada por los cronistas "**la deportista más completa de México**", lo que le ha valido ser incluida en los salones de la fama tanto de Ciudad Juárez, como de México.

En el béisbol destacó a nivel nacional el gran atleta Roberto "Pirto" Canales, quien en sus ratos de ocio se dedicó con singular vocación a la tauromaquia. Su extraordinaria condición física bien le pudo permitir seguir una carrera deportiva en el "rey de los deportes", pero se encaminó a otros labores.

En la olimpiada de Roma el equipo nacional de básquetbol se formó fundamentalmente por los siguientes juarenses:
a) Urbano Zea
b) Ignacio Chavira

c) Alberto Almanza
d) Armando Herrera y
e) Eulalio Ávila

En la misma rama en Japón en 1964 participó por nuestra ciudad Fernando Tiscareño.

En el mes de abril de 1986 con una membresía de 43 socios se inicia el Salón de la Fama del Deportista Juarense para reconocer a aquellos atletas que le dieron en un momento dentro y fuera de México gloria a nuestra frontera. Quizá el mayor valor del deporte, además de alejar a la juventud del vicio, reside en que **para vencer al adversario previamente debe superarse uno a sí mismo**. La labor que las sucesivas mesas directivas ·trabajadoras y altruistas· va más allá de cualquier elogio.

En el ajedrez nuestra frontera ha producido tres niños prodigios: Joaquín Lobato Domínguez quien a los ocho años participaba en torneos norteamericanos y en una ocasión, en una exhibición de simultáneas venció en Guadalajara al campeón mundial Anatoli Karpov. Alejandro Maass Garza Ramos a los cinco años inicia su vocación ajedrecística. A los seis, mientras volábamos rumbo a San Antonio ·donde ya se concentraban el campeón mundial Tigran Petrosian y el pretendiente danés Bent Larsen· el niño analfabeta aún me pregunta si las nubes que rodeaban al aeroplano eran de algodón. Su hermano mayor Gustavo representó a México en Francia en un campeonato mundial juvenil y posteriormente fue capitán del equipo mexicano en la olimpiada de Manila, Filipinas. Ambos han obtenido innumerables trofeos en nuestro territorio y en Estados Unidos.

¿Algún campeonato mundial?. Afirmativo. Tito Reynolds Orozco en Bélgica obtuvo el campeonato mundial de boliche tanto individual como por parejas en el año de 1960, por cuya razón merecidamente ingresó al salón de los inmortales en el año de 1986.

Año con año en el majestuoso edificio que agrupa lo más selecto del deporte en sus diversas ramas, cada veinte de noviembre, en solemne ceremonia, ingresan nuevos valores para orgullo de nuestra frontera.

CAPÍTULO XXVII

El Tesoro Humano de Ciudad Juárez

Existen seres humanos que parecen creados como modelo de una especie, evidentemente han brotado en todas las sociedades del planeta. Algunos han sido plenamente reconocidos por las instituciones públicas o privadas; otros por el contrario parecen hundirse en las plácidas aguas del anonimato. En Ciudad Juárez debieron haber muchos, muchísimos más de los que aquí ·por haber tenido el honor de conocer· me permito reseñar:

1. Valentín Fuentes García

Se levanta a diario a las seis de la mañana, monta a caballo y personalmente conduce su camioneta a su rancho. Apenas ha cumplido los 100 años y disfruta de la más admirable lucidez para administrar sus negocios cotidianamente. Además tiene una memoria fresca que le permite reproducir cinematográficamente casi todo el siglo XX ·y lo que va del XXI· de nuestra ciudad.

"Ya pardeaba la tarde cuando llegaron al rancho de mi papá Francisco Villa, Felipe Ángeles, Ricardo Michel, José Nieto y varios más. Mi mamá les preparó la cena. Yo los oía discutir los planes para atacar Ciudad Juárez. El general Ángeles expresaba el temor de que a los primeros balazos se les echaran encima los gringos de

Fort Bliss (como efectivamente sucedió). En mi casa descansaron, se quitaron las mitazas y se organizaron para el ataque del día siguiente".

Así va relatando con gran precisión todos los acontecimientos importantes del siglo XX: las dos guerras mundiales, la "ley seca" de los años veintes, los conflictos de Corea y Vietnam, la noticia del asesinato de Kennedy que cimbró al planeta, etc.

Jamás ha dejado de trabajar "de sol a sol". Al igual que su padre ha sembrado algodón, ha criado ganado, ha sido comerciante en el ramo de la hotelería y ha sido industrial y concesionario de gaseras.

Su hijo Valentín Fuentes Varela le ayuda muy eficazmente en la administración de los múltiples negocios y conserva la típica sencillez del hombre del norte. Sus nietas se desempeñan de la siguiente manera: Gabriela es una eficaz empresaria dirigiendo Gas Natural de Ciudad Juárez, en tanto que Angélica actualmente funge en la ciudad de México como empresaria de primer nivel.

En su conjunto la familia Fuentes Varela representan el esfuerzo de quienes a base de trabajo han sabido conquistar el desierto de Chihuahua.

2. Guadalupe Arizpe de de la Vega

Nicola Pende, el célebre médico italiano fundador de la endocrinología solía decir que el ser humano era como una pirámide con cuatro caras: la armonía de la función que da como resultado la salud, la armonía de la forma produciendo la belleza, la armonía del sentimiento que desemboca en la bondad y la armonía de las ideas cristalizando en la inteligencia. En esta excepcional dama parecen darse cita, a través de una afortunadísima combinación genética todas estas cualidades.

Después de haber contraído feliz matrimonio con el ingeniero Federico de la Vega en Monterrey, N.L., llega a nuestra ciudad y de inmediato se involucra con verdadera pasión en las más trascendentes labores sociales al contemplar la miseria en que se debaten grandes grupos de las colonias de la periferia.

Con el estímulo moral y económico de su marido, se adentró en los hogares más humildes para proporcionarles todo tipo de ayuda y orientación en la formación de la familia, lo cual le condujo a crear una institución ejemplar en su género, la FEMAP, la cual desde hace varias décadas se ha entregado a la humanitaria labor de velar por un sano y digno desarrollo de la familia mexicana.

Hace más de veinte años, una pareja de norteamericanos residentes de Nueva York perdieron al único hijo en la guerra de Vietnam. Le expresaron a la señora de la Vega su deseo de adoptar un niño mexicano. Se dio la coincidencia que en esos días una joven humilde abandonada por su novio, había fracasado en su desesperado intento de abortar un niño que no podría mantener. Al tener conocimiento de ello, la señora de la Vega de inmediato se puso en contacto con la joven anunciándole que un matrimonio norteamericano de magnífica posición social y económica se interesaba en adoptar al niño por nacer, disuadiéndola de volver a intentar el aborto.

Eventualmente nació un niño sano y los padres adoptivos luego de los trámites legales, se lo llevaron a Nueva York, donde a través de los años recibió la más esmerada educación. Es éste apenas uno de los muchísimos casos que concluyeron con un final feliz.

La obra social de FEMAP se ha ido extendiendo a otras entidades de la República con magníficos resultados y aquí en nuestra ciudad ha ido creciendo al grado de levantarse un hospital con aparatos de tecnología de vanguardia para atender a familias sin posibilidades de atenderse en una institución privada o pública.

Aún cuando ya ha recibido múltiples reconocimientos, tanto en México como en el extranjero que sería ocioso mencionar, la distinguida dama prosigue día a día, con toda sencillez llevando una luz de esperanza a las más humildes familias de nuestra frontera.

3. Ingeniero Federico de la Vega

Llega en cierta ocasión a nuestra ciudad Porfirio Muñoz Ledo y se le ofrece un banquete. Le toca la suerte tener a su derecha al ingeniero de la Vega, con el cual conversa durante el evento y a su término ·gratamente sorprendido por su personalidad· me expresa: ¡qué diferente sería México si todos fuésemos como el ingeniero de la Vega!.

No es desde luego ésta una expresión aislada de la primera impresión producida por uno de los más ilustres hombres que viven, trabajan y luchan cotidianamente por un mejor país.

Su padre, Don Artemio de la Vega, a los 14 años abandonó su pueblo Cangas de Onís, España trayendo un pequeño bagaje y una gran ilusión: hacer la América. A base de un arduo y perseverante trabajo durante muchísimos años, logró hacer fortuna y formar un hogar al contraer nupcias con una bella norteamericana. De este dichoso matrimonio nace Federico.

Antes de recibirse como ingeniero en el Instituto Tecnológico de Monterrey, conoce a su actual esposa y forma aquí su hogar, el cual es bendecido con tres hijos.

Nacido para hacer el bien, quienes lo conocimos en su juventud, nos impresionaba sobre todo el profundo respeto y admiración que siempre le profesó a su padre, por cuya razón no es de extrañar la extraordinaria obra filantrópica que ha desarrollado. En cualquier reunión con algún fin social él será el primero en firmar el cheque sin perder el tiempo en preguntas impertinentes y en apoyar moral, material y personalmente cualesquier acción de beneficio colectivo.

Como todo legítimo filántropo, elude la publicidad y se encuentra por encima del reconocimiento público. Aún así, no pudo evitar recibir el 22 de septiembre de 1996 la presea que ·caso único en la frontera· las tres instituciones más importantes: el Instituto Tecnológico de Ciudad Juárez, la Universidad Autónoma de Ciudad Juárez y el Instituto Tecnológico de Monterrey, campus Ciudad Juárez en pago de una deuda de gratitud le entregaron una placa en emotiva ceremonia en la cual los atronadores aplausos de maestros y estudiantes hicieron cimbrar el edificio, demostrando así que la semilla del bien fructifica y que la generosidad, por discreta que sea, no pasa desapercibida ni para la sociedad contemporánea, ni para las generaciones del porvenir.

4. Doctor Jorge A. González

En el bellísimo valle de Tomochic, en lo más abrupto de la Sierra Madre Occidental me hallaba un lejano día disertando sobre la histórica epopeya de aquel pueblo levantado en armas contra la dictadura porfirista, cuando un joven de algunos 26 años se me acerca y al término de la plática me pregunta:

- ¿Usted vive en Ciudad Juárez? ·agregando·
- ¿Conoce al doctor Jorge González?
- Sí, es muy buen amigo mío
- Pues sepa que gracias a él veo
- ¿Cómo es eso?
- Nací ciego. A los doce años se me diagnosticó cataratas congénitas. Éramos una familia muy pobre y no teníamos dinero para curarme, gracias al Club de Leones de Ciudad Juárez y al doctor Jorge González quien me operó gratuitamente por primera vez en mi vida a los doce años pude ver. Dígale que le estaré eternamente agradecido.

No es éste ciertamente un caso aislado de este brillante médico de internacional prestigio. Nació el 24 de abril de 1924 y estudia la carrera de medicina para una vez titulado, ir a Nueva York a especializarse en oftalmología con el ilustre médico español Don Ramón Castroviejo.

Un brillante porvenir le aguardaba en los Estados Unidos en su lucrativa especialidad y sin embargo, decide regresar a Ciudad Juárez a atender a una heterogénea clientela, desde gobernadores del Estado hasta miles de humildes pacientes gratuitamente tratados, con el inapreciable apoyo del Club de Leones local.

Pero su bonhomía no se limitó al ejercicio de la profesión. Lo integramos al Ateneo Fronterizo y pronto fue presidente, organizando en 1970 un brillante ciclo de conferencias con la participación de destacados intelectuales mexicanos.

No conforme con ello una luminosa mañana a iniciativa del ex-presidente municipal, Don René Mascareñas Miranda, nos reunimos con él, el ex-gobernador Don Teófilo Borunda y el cronista de la ciudad, Ignacio Esparza Marín, para crear la Asociación Civil Juarenses que desde 1989 funciona como club de beneficio social con enorme éxito.

Hoy, Jorge González sigue luchando por rescatar al ser humano de las sombras de la ceguera y llevar los colores del arco iris para recuperar la alegría de vivir.

Muchos, muchos más juarenses que lamentablemente no insertamos en estas páginas a diario luchan en las escuelas, en el taller, en el hospital (a propósito, en cierta ocasión visité la clínica del ISSSTE buscando a un médico y una vieja enfermera me comenta visiblemente conmovida: "el doctor Abraham González Vargas es un verdadero ángel con estetoscopio"), en el campo y todos ellos insignes o no conforman el tesoro humano de nuestra frontera.

CAPÍTULO XXVIII

La Voz del Pueblo: 2004

En el año 2004 se celebraron elecciones en todo el Estado de Chihuahua para gobernador, diputados al congreso del Estado, presidentes municipales y síndicos a los ayuntamientos.

El Partido Revolucionario Institucional, desde su fundación, en 1929 empezó a ganar elección tras elección, tanto para gobernadores, como para senadores, diputados federales, estatales y presidentes municipales.

Todos los economistas, sociólogos y politólogos coinciden en que de 1934 a 1970 México vivió una etapa de gran desarrollo económico y social: e analfabetismo se redujo en forma impresionante, mientras las universidades públicas y privadas proliferaban a lo largo y ancho del territorio nacional. Es evidente que en este periodo se disfrutó de prosperidad. Cárdenas creaba el Instituto Politécnico Nacional, Ávila Camacho consolidó la economía manteniendo la paridad de la moneda sin que se devaluara un solo centavo en su sexenio y creaba el Instituto Mexicano del Seguro Social. Alemán pavimenta el territorio nacional con carreteras de frontera a frontera creando el turismo internacional; Adolfo Ruiz Cortínez inicia la fase de 22 años de la más perfecta estabilidad cambiaria inmovilizando el peso a 12.50 por dólar; Adolfo López Mateos crea los desayunos escolares, el texto gratuito, levanta toda una red de Institutos Tecnológicos en toda nuestra superficie e imprime un impulso nunca visto a la educación pública y Gustavo Díaz Ordaz, a pesar de la masacre de Tlaltelolco, eleva al punto más alto de la historia (28.2) el porcentaje del presupuesto nacional destinado a la educación. A todo ello debe agregarse que los niveles de vida se elevaba en un 7% anual como promedio.

De ninguna manera es coincidencia el hecho de que durante aquellos 22 años de la más absoluta estabilidad cambiaria 12.50 por dólar, el fronterizo confió en su gobierno en la planeación de sus gastos. Desde muchas décadas atrás, las casas comerciales de El Paso, Texas como La Popular y La Casa Blanca solían abrir líneas de crédito a los Juarenses (en dólares) en contratos de tracto sucesivo, antes incluso de que hiciese su aparición el dinero de plástico.

Un día empero, llega Luis Echeverría a los Pinos con el cerebro programado para jamás decir la verdad. La Ley del Divorcio que permitía a los extranjeros liberarse en 72 horas del yugo conyugal constituía una fuente de divisas frescas (se cambiaba oro por papel) y representaba nada menos que el 15% del presupuesto del Estado de Chihuahua, beneficiando a México (en el ámbito de divisas y turismo) a Chihuahua por el pago de derecho al publicarse la sentencia de divorcios y desde luego a Ciudad Juárez (desde hoteles, restaurantes, taxis, bufetes jurídicos, etc.) fue prácticamente abrogada por una disposición presidencial reformando La Ley General de Población, cegando definitivamente esta valiosísima fuente de divisas. No fue ésta empero, la única disparatada decisión llegada desde la capital; la burocracia tuvo un hipertrófico desarrollo y la deuda externa se septuplicó y a pesar de que el primer mandatario se empeñaba en asegurar que el peso se encontraba más firme que el peñón de Gibraltar, llegó a un dramático 31 de agosto de 1976, en el cual México tuvo su amargo despertar: Los 22 años de estabilidad cambiaria se habían esfumado para siempre.

Aún el noble pueblo sencillo e ingenuo quiso depositar su fe en su sucesor José López Portillo, pero el peso pasa de 25 a 125. Previamente había declarado ante el descubrimiento de los enormes mantos petroleros de Campeche: "Debemos prepararnos para administrar la abundancia." Sin embargo, después emitiría su célebre frase: "Defenderé el peso como un perro".

El comercio de la frontera ya había caído en el escepticismo cuando aquel trágico 1 de septiembre de 1982 en su último informe presidencial produjo el espectacular anuncio de la "nacionalización" de la Banca (en estricto sentido se trató de una verdadera expropiación) y de paso un desastroso, para la frontera, control de cambios.

Lo peor empero no había llegado. Siendo el autor amigo y ex condiscípulo del Lic. Miguel de la Madrid debe en su carácter de historiador buscar la imparcialidad fría de los hechos. Y estas nos gritan que en su sexenio el peso pasa de 125 a 2300, (las estadísticas nos dicen que en el sexenio de López Mateos el crecimiento fue de 47.5% y la devaluación del peso fue aproximadamente 0%. En el sexenio de Miguel de la Madrid el crecimiento fue de 1.08% y la devaluación 1,430%) poniendo en gravísimos aprietos a los innumerables habitantes de la frontera. En estos inoportunos momentos se celebran elecciones para las Presidencias Municipales en el Estado de Chihuahua. El empresario Alberto Estaco comenta en vísperas de las elecciones: "Si su Santidad Juan Pablo II jugase la presidencia municipal por el P.R.I. ¡perdería! Efectivamente en los principales municipios del Estado, los candidatos del P.A.N. triunfaron por vez primera en el siglo XX.

¡Pero el Gobierno Federal no escarmentó! A unos Presidentes malos sucedieron otros peores y la fría elocuencia de los números lo demuestran en forma irrefutable: el peso siguió cayendo estrepitosamente para desesperación de los fronterizos. Así pasó de 2300 a 3200. Salinas de Gortari tuvo la genial idea de recurrir al eufemismo matemático de suprimir tres ceros y quedó en 3.2 por dólar.

Los juarenses que durante bastantes décadas habían en general sido fieles al P.R.I. luego de tanta devaluación empezaron con sus "votos de castigo". En aquel tiempo se echó la culpa al gobernador de Chihuahua Lic. Oscar Órnelas y el 19 de septiembre de 1989 era substituido por el Lic. Saúl González Herrera. Pero el daño ya estaba hecho ¡Y las devaluaciones continúan!

Con Salinas se iniciaron las "concertacesiones", es decir el reparto del poder público en niveles cupulares. A cambio de no objetar su cuestionado triunfo se concedieron gubernaturas y se deroga el artículo 130 Constitucional reconociéndose por vez primera desde

Benito Juárez la personalidad jurídica de la Iglesia Católica.

Unas veces con razón ·la profunda e incontrolable corrupción gubernamental· y otros sin razón, el Partido de Acción Nacional estuvo criticando duramente al Gobierno. Después de 71 años de mantenerse en el poder, cae la Presidencia de la República en sus manos, pero como también se ha señalado públicamente, las mismas fallas que durante tantos años señalaron, ahora los conservadores las cometían pero magnificadas, recordando aquel viejo adagio de Roma que los peores amos son los esclavos emancipados.

Perdida en muchas ocasiones la mística del Partido Revolucionario Institucional el ciudadano empezó a votar por la calidad individual de cada candidato. Con este escenario llegamos a las elecciones del 2004.

De los siete distritos electorales de Ciudad Juárez, cinco fueron ganados por los candidatos del partido tricolor: Álvaro Navarro Gárate, Yolanda Morales Corral, José Luis Canales de la Vega, Juan José González Espinosa y Sergio Vázquez Olivas. Únicamente dos candidatos panistas derrotaron a sus contrincantes: Fidel Urrutia y Salvador Gómez se impusieron ante Ariel Díaz de León y Araceli Mercado, respectivamente.

A su vez el Licenciado Wilfrido Cambell Saavedra · ex rector de la Universidad de Ciudad Juárez · holgadamente se impuso ante su contrincante del P.A.N.

Evidentemente el mayor interés de esta votación se centró en dos puntos: La Presidencia Municipal de

Ciudad Juárez y la Gubernatura del Estado. En cuanto al primero, la expectación era altísima debido a que por múltiples factores de diversa naturaleza, durante los últimos doce años el P.A.N. había derrotado a los candidatos del P.R.I. y por ende se esperaba una enconada contienda. Debe agregarse que la presidencia de la República era ocupada por Vicente Fox y por lo tanto ahora se contaba con el apoyo moral y político del Gobierno Federal, mientras por la otra parte, el Estado hallábase gobernado por el ganador candidato del P.R.I.

Esa zona neutra, ciudadanos que nunca se han afiliado a ningún partido habría de inclinar el fiel de la balanza conforme al personal perfil de cada candidato. El de Acción Nacional fue un joven llamado Cruz Pérez Cuellar, el cual se ostentaba como Licenciado en Derecho, a pesar de que jamás se le vio en ninguno de los tribunales federales ni del fuero común, ni tampoco afiliado a ninguna Barra de Abogados, por lo que su experiencia en el terreno jurídico era en enigma. Eso sí, tenía una militancia en el Partido blanquiazul. Su contrincante fue el Ingeniero Héctor Murguía Lardizabal, descendiente de una vieja familia de prestigiados empresarios de esta frontera. Además de hombre de negocios, en su haber tenía el paso por el senado de la República. Mucha gente pensó que el debate en la televisión habría de ser decisivo. Cruz Pérez Cuellar escogió una equivocada estrategia al dedicarse a la ofensa y a un sarcasmo de mal gusto que ciertamente no favorecía su propia imagen, siendo incluso a veces francamente majadero. El candidato del P.R.I. se vio más seguro de sí mismo, su solvencia familiar, moral y económica inspiró mayor confianza en el votante y se llevó un holgado triunfo, suficientemente ancho para que ni siquiera se le objetara (a diferencia de aquella histórica contienda entre Alfonso Arronte y René Mascareñas Miranda).

Para ser candidato a gobernador, el Licenciado Reyes Baeza previamente tuvo que superar a un colega que se distinguía por acaparar toda clase de cargos notariales, académicos, administrativos y de elección popular, logrando imponerse fundamentalmente por su don de gentes, sencillez y simultáneamente sólida preparación profesional y política.

En la recta final se enfrentaron Xavier Corral Jurado · senador panista · y José Reyes Baeza · ex Presidente Municipal de la Ciudad de Chihuahua. Las campañas fueron intensas por ambas partes y el resultado parecía incierto. También en esta ocasión hubo un televisivo debate en la más pura tradición Nixon· Kennedy.

El candidato del partido blanquiazul es un hombre joven, inteligente, fue periodista precoz desde su niñez y aunque aún le resta un largo y brillante porvenir; en la polémica pública erró la estrategia al usar una innecesaria agresividad que le fue refutada con clase, al omitir el candidato priísta entrar a una discusión de bajo nivel, y por el contrario, exhibir mayor madurez en las proposiciones sociales de su partido y de paso demostrando que, además de una sólida preparación intelectual, no se debe aparentar **la vanidad de la sencillez**, sino actuar con la naturalidad de quien conoce la limitación de sus propias dimensiones y con auténtica humildad exponer hasta dónde se puede y quiere llegar, reconociendo de paso que la experiencia no es sino nuestro museo de errores. Demostró además poseer el don de la oratoria.

El veredicto sobre el debate incidió el primer domingo de julio en las urnas de todo el Estado. A pesar de todos los errores del partido revolucionario y los gobernantes emanados del mismo, la ciudadanía quiso recordar que en la historia de México todas las conquistas sociales · Independencia, Reforma y Revolución · han provenido de la misma línea ideológica de Hidalgo, Morelos, Juárez, Madero, Villa, Lázaro Cárdenas y Adolfo López Mateos.

La fe de los chihuahuenses está depositada en las manos de Reyes Baeza, como la de los Juarenses en Héctor Murguía.

La buena labor de Murguía reforzó tres años más tarde, la elección del Lic. José Reyes Ferríz quien holgadamente triunfó sobre su oponente panista para, por segunda ocasión, ocupar la Presidencia Municipal.

De esta actuación dará el inapelable fallo de la historia, la voz de los siglos.

El Enigma del Bien y el Mal

Desde que el hombre de las cavernas tuvo conciencia de su propio ser, se enfrentó al enigma del bien y del mal. Sócrates fue el primer pensador en la historia de la humanidad que expuso este dilema, razonando que el hombre sabio tiene más posibilidades de distinguir entre ambos caminos y concluía el filosofo ateniense que si el hombre seguía el camino del mal, no era por maldad sino por ignorar la diferencia entre uno y otro.

Los milenios atraviesan el brillante mundo clásico de la antigüedad, el medioevo y al llegar al actual trilenium persiste, tanto en Moscú, Nueva York o Ciudad Juárez el mismo dilema planteado en el ágora ateniense.

¿Sabe el hombre distinguir entre el bien y el mal?

A pesar del maravilloso avance científico que lleva y trae hombres a la luna, la duda sigue persistiendo y una vez más taladrando los milenios se hace presente la tremenda imprecación de Diógenes a Alejandro Magno. *¿Y tú pretendes dominar al mundo si no te dominas a tí mismo?*

En esta frontera donde el destino nos ordenó vivir, el viejo Passo del Norte, continúa entrelazándose en perenne dialéctica el bien y el mal en su infructuosa lucha por prevalecer sobre su antítesis. Por una parte "la sang du diable" proseguirá devorando nuevas víctimas, en la interminable sucesión de la maldad y por la otra continuarán apareciendo en el ámbito de la existencia seres humanos con la suficiente sabiduría para resolver el arcaico enigma y tener el dominio de sí mismo para elegir correctamente.

"El Passo del Norte se me ha pegado en el corazón" escribió siglos ha un anónimo cronista, quien luego de vencer el temor de ser atacado por los apaches, alcanza a llegar. Muchos años más tarde Don Benito, debidamente escoltado por Manto Negro, el apache, igualmente se refugió aquí, donde sintió el calor de sus habitantes al expresar: *"aquí no hay traidores"*.

Los siglos continuarán rodando y habrán de presenciar el triunfo de la Revolución cuando arriban Francisco I. Madero, Pascual Orozco y Villa para decapitar la dictadura porfirista.

No pudo ser más exitosa la presencia de Adolfo López Mateos con su benéfica trilogía para nuestra ciudad: la salida al mar con el ferrocarril a Topolobampo, la recuperación de El Chamizal y esa antorcha del saber llamada Instituto Tecnológico.

Se borra de la memoria el nombre de los malos gobernantes, de aquellos que lucraron con "la sang du diable" y cuya maldad nos proporciona una idea del infinito que después de explotar la frontera, tienen aún el cinismo de vituperarla, mas otros en cambio con esa nobleza congénita que se le entregó al Benemérito de las Américas y al Apóstol de la democracia, hoy que pisamos el bicentenario del héroe de la reforma y nos aproximamos a los dinteles del bicentenario del nacimiento de México a la libertad y simultáneamente en él festejaremos el centenario del gran movimiento social de 1910, encaramos con optimismo el porvenir.

Un espléndido futuro se abre a México: primer lugar mundial en producción de plata, entre los primeros en la de oro negro, los dos mares más ricos del planeta a nuestra disposición y compartiendo con Canadá la frontera con la primera economía del globo; permiten a los economistas más prestigiados del concierto de naciones vaticinar un risueño porvenir.... a condición · como diría aquel filósofo helénico· que la luz del saber nos permita despejar la incógnita del bien y del mal.